尽善尽美　弗求弗迪

文案高手

从入门到精通

苏芯 著

WENAN GAOSHOU
CONG RUMEN DAO JINGTONG

电子工业出版社
Publishing House of Electronics Industry
北京·BEIJING

未经许可，不得以任何方式复制或抄袭本书之部分或全部内容。
版权所有，侵权必究。

图书在版编目（CIP）数据

文案高手：从入门到精通 / 苏芯著. —北京：电子工业出版社，2024.5
ISBN 978-7-121-47331-9

Ⅰ. ①文… Ⅱ. ①苏… Ⅲ. ①广告文案 – 写作 Ⅳ. ① F713.812

中国国家版本馆 CIP 数据核字（2024）第 042238 号

责任编辑：黄益聪
印　　刷：唐山富达印务有限公司
装　　订：唐山富达印务有限公司
出版发行：电子工业出版社
　　　　　北京市海淀区万寿路 173 信箱　邮编：100036
开　　本：880×1230　1/32　印张：7.75　字数：157 千字
版　　次：2024 年 5 月第 1 版
印　　次：2024 年 5 月第 1 次印刷
定　　价：58.00 元

凡所购买电子工业出版社图书有缺损问题，请向购买书店调换。若书店售缺，请与本社发行部联系，联系及邮购电话：（010）88254888，88258888。

质量投诉请发邮件至 zlts@phei.com.cn，盗版侵权举报请发邮件至 dbqq@phei.com.cn。

本书咨询联系方式：（010）68161512，meidipub@phei.com.cn。

前言

新媒体写作的游戏规则

新媒体时代,信息流动的速度比过去任何一个时代的都快,出现在用户眼前的信息,比过去任何一个时代的都多。

互联网数据中心发布的报告显示,到 2025 年,全球每年产生的数据将增长到 175ZB。这是多大体量的数据呢?如果将这 175ZB 全都存在 DVD 里,这些 DVD 叠起来的高度将是地球和月球距离的 23 倍,这些 DVD 同时也可以绕地球 222 圈。如今,全球每天收发 2936 亿封电子邮件,每天有 450 亿条信息在微信中发送出去,有 4.1 亿次音视频呼叫成功;每天有 50 亿次搜索,Meta 每天产生 100 亿条消息、3.5 亿张照片和 1 亿小时的视频浏览……

轰隆隆爆炸的信息,是这个时代给予的馈赠,也是时代布下的陷阱。

过去,在各类电子渠道还未兴起时,人们用纸质工具记载知识和想法,但纸张既昂贵又浪费空间,所以出版机构通过专业的"把关人"(通常是编辑)将知识进行简化,呈现在期刊、图书等媒介渠道上供人获取。也就是说，在传统媒体时代，渠道是一种稀缺资源，掌握渠道的人就掌握了信息分发权，也掌握了话语权。因此，那时的广告主不惜花重金购买渠道，以获得向用户推送广告信息的权利。

在新媒体时代，情形发生了剧烈的变化，随着各类电子渠道的兴起，广告主们面对的是买不完的资源位，用户面对的是刷不尽的信息流，电子渠道的这种"无限性"特征，让渠道变得不再稀缺，用户的注意力成了真正稀缺的资源。

媒介渠道的巨变，彻底改变了信息传播的底层逻辑。报纸、杂志、电台广播作为传统媒介的代表，其信息流动是单向、放射状、缺乏互动的。而现在，信息在新媒介渠道上的流动是多向、网状、多互动的。

新媒体的发展，也让用户获取信息的习惯被重新"编程"。在这个信息过载的时代，人们始终处于一种信息接收超负荷的状态，从图文到视频再到短视频，用户的注意力被分散的媒介渠道和各式各样的媒介体裁切割成细细的碎片。过去，在纸媒时代，用户在阅读图文内容时需要卷入式的深度思考，即从 A 到 Z 的、漫长的"长形式思考"（long-form thought）方式，这种思考方式受制于书籍、手机页面的物理空间，要求用户熟悉严密的论证模式，不间断地投入注意力和逻辑思考力。

但在超链接式的互联网世界中，人们正在失去这种全神贯注的长形式思考能力，取而代之的，是一种新的短形式思考（short-form thought）。在这种思考方式中，知识点与知识点之间结成了一张巨大的网，用户不断被前方的知识点诱惑着，不停点击，没有终点。这让用户在每一个知识点上停留的时间变短、思考力变浅，变得更在意知识点的娱乐性、刺激性，而非逻辑严密性。

媒介环境的更迭，用户习惯的改变，都给新媒体时代的创作者带来了全新的挑战，新媒体时代，写作的"游戏规则"正在被改写。

写作不再只是对文字的排列组合与悉心雕琢，诚然文字技巧依旧是写作不可或缺的基本功，但这个时代明显要求得更多。一句文案、一篇文章打天下的时代已经过去了，创作者必须沉下心来，去分析不同人群的喜好，去研究不同媒介平台的信息分发机制，去紧贴热点与文化的流动起伏，去思考如何实现品牌与效果的统一……这比单纯安静地写好文章复杂多了，也困难多了。在新媒体时代，我们只能在对传播规律的理解深度上，以及在对细节的把控与打磨里一点点地拉开与其他创作者的差距。

新媒体时代是一个迷惑而苛刻的时代。它要求创作者有更广阔的视野与更玲珑的心窍，思维必须跨界，知识必须多元，创作者不只要懂文字，还得懂用户、懂产品、懂媒体平台，甚至还得懂运营、懂增长、懂技术……新媒体创作者最需要具备的能力，就是不断拓展自身能力边界的能力。

而这本书的目的，就是成为一本新媒体时代的商业写作完全指南。全书分为三大篇，分别是背景篇、理论篇与实战篇。

背景篇介绍新媒体时代的传播规律与特征、用户内容消费的心理及行为和新媒体写作的新思维，消化好这一部分的内容，会让你的写作更具目标感和策略性，文字更具传播度，从而提升写作工作的投入产出比。

理论篇的主要目的是帮助你提升文字功力，从写作的逻辑、结构、内容、炼字等方面入手，提供系统性的讲解与剖析，帮助你一点点地打磨好写作的基本功。

实战篇则瞄准新媒体时代常见的各类文章体裁，将新媒体时代的创作者日常工作中会遇见的"命题作文"一网打尽，同时，也将针对当代传播环境中受欢迎的文案类型进行分析，提供新媒体推文的写作攻略，从多维度提供尽可能详细的实战分析与指导。

关于新媒体、关于写作、关于营销，市场上有千千万万的书籍提供见解、知识与指引。这本书在撰写之初，就力求在系统性、全面性、深入度、实战性和可读性上都做出努力，成为一本真正实用的读物，使无论是希望"从0到1"的创作者，还是正在努力"从1到100"的创作者，都能从中汲取营养，获得能量。

传统媒体时代就像一座精心修剪的花园，它安谧、美丽，静待着游人前来观赏。而新媒体时代则是一片光怪陆离的丛林，每个人都在里面进行着自己的探险。这里生物种类繁多，危险与泥沼也同样多。想要在这片丛林中采摘甜蜜果实，捕获奇珍异兽，文字功底就是你披荆斩棘的刀与剑。除了刀与剑，你还需要一本野外生存指南，它的目的不是教你如何与自然对抗，而是教你如何顺应自然规律从而得以生存。期待这本书成为你的新媒体时代写作生存手册,带你绕过泥沼与陷阱,寻到自己想要的珍宝。

目录

PART1 背景篇

第 1 章　信息流动的新逻辑　　002
1.1　新媒体传播"二十字诀"　　006
1.2　借助算法实现刷屏　　012

第 2 章　用户的新喜好和小心思　　020
2.1　互联网毒化了用户的大脑吗　　021
2.2　数字时代用户的五种"病症"　　022
2.3　数字时代用户的五种心理　　029
2.4　与用户沟通的五个策略　　036

第 3 章　新媒体写作的新思维　　044
3.1　创作者的"五维角色"　　045
3.2　用产品思维写作　　050
3.3　用流量思维写作　　057
3.4　用增长思维写作　　065

PART2 理论篇

第 4 章　写作的逻辑　　　　　　　　074

4.1　说人话，让信息更易懂　　　　　075
4.2　五个步骤，让故事更可信　　　　083
4.3　三个技巧，让文案更具说服力　　088
4.4　避免无效沟通四大坑　　　　　　094
4.5　七种方法，写出亮眼金句　　　　096
4.6　四种当代美学，提升文案质感　　110

第 5 章　情绪的撩动　　　　　　　　122

5.1　戳中"泪点"　　　　　　　　　124
5.2　纾解压力　　　　　　　　　　　127
5.3　糖分制造机　　　　　　　　　　133

第 6 章　灵感的养成　　　　　　　　138

6.1　文案创作的三道难关和七个技巧　139
6.2　像深潜一样思考　　　　　　　　147
6.3　绕开那些思维定式　　　　　　　153
6.4　打造属于自己的灵感制造机　　　157

PART3 实战篇

第 7 章　如何写出甲方满意的文案　164

7.1　校准需求：企业 VS 媒体 VS 受众　165
7.2　一篇优秀公关稿的三大要素　167
7.3　公关稿的常见类型及写法　172

第 8 章　如何写出这届年轻人喜欢的文案　190

8.1　如何写出治愈系文案　191
8.2　如何写出理工风文案　201
8.3　如何正确地与年轻人做沟通　210
8.4　如何写好美食文案　219

PART 1

新媒体时代，信息流动的新规律是什么？是什么样的技术在决定着信息的分发和流动，又是什么样的用户心理在支配着流量的流向？创作者需要具备哪些跨界思维，才能在内容创作时如鱼得水？

在背景篇中，我将从传播环境、用户心理和写作思维三大角度，剖析新媒体时代创作者必备的背景知识，摸清"10万+"背后的传播脉络。

第1章

信息流动的
新逻辑

新媒体时代，创作者需要身兼媒体人属性。在阐释这句话的含义之前，先说两个小故事。

过去，有人写了一篇《被上网毁掉的中国年轻人》，投稿给某杂志社，编辑部读了觉得有理有据、文笔流畅，于是文章被印成铅字，顺利发表，杂志被运往各大报刊亭进行售卖，作者入账一笔稿酬。购买了杂志的读者，有的认为文章一针见血，有的觉得文章有失偏颇，但除了极少数热心读者会给杂志社写信表明看法，大部分读者的声音几乎不可能被作者、编辑部和其他读者听到。

如今，有人写了一篇《被奶茶毁掉的中国年轻人》，发布到微信公众号、微博、今日头条等自媒体平台，在"毁掉体"标题正在流行、奶茶正被年轻人奉为"快乐水"的当下，读者用眼球投票，让这个标题获得了大量点击，作者入账一笔来自平台的流量分成和读者"打赏"。同时，文章也得到了大量的转发、点赞和评论，评论有好有坏，有人认为奶茶是垃圾食品害人不浅，有人认为文章是"标题党"贩卖焦虑，甚至有读者开启"喷子"模式，留下言辞激烈的谩骂。读者的评论也能获得来自其他读者的"点赞"，获赞多的评论会被排列到留言列表的顶端。

两篇立意相似的文章，在不同时代、不同媒介渠道上，传播情形可谓大相径庭。是什么导致了这种情况的发生呢？

在传统媒体时代，信息的传播路径就像一条单行道（如图1-1所示），信息被生产出来后，借由渠道抵达受众，它是中心化的、单向的，在这一路径中，渠道占据着非常高的地位，它们及背后的"把关人"（编辑室）决定了哪些信息能被受众看到，哪些不能。这样一来，内容生产者在创作时，难免会将把关人制定的规则和他们的审美作为重要的标尺，以此来校准、约束自身的创作。

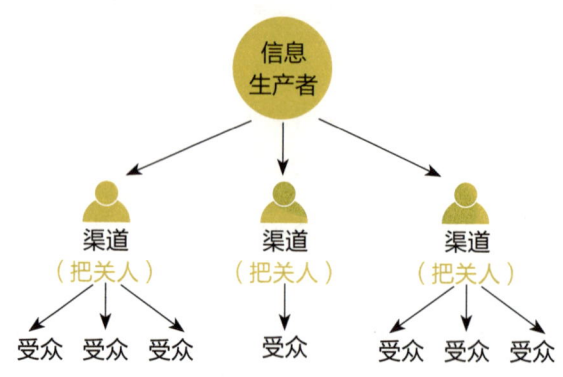

图 1-1　传统媒体时代的信息传播路径

因此，传统媒体时代的内容是较为有序、克制和精英化的。而内容消费者，也就是受众，身处整个传播链条的末端，被动地接收着信息，他们对内容的好恶只能体现在报纸杂志的发行量、电视节目的收视率这些抽象而笼统的数据上，他们是面容模糊的一群人，并且他们彼此之间是孤立的。

在新媒体时代，信息传播渠道如图 1-2 所示，横亘在内容生产者与受众之间、受众与受众之间的鸿沟，通通都被发达、丰富的传播渠道填平了。随着新媒体平台的兴起，渠道变得日益碎片化、去中心化，信息传播的路径也变得越发复杂和迷离，它不再是一条条单行道，而更像东京地下铁那般庞大错综的系统，上面分布有大量的传播节点，向四面八方循环往复地输送着海量信息。在新媒体时代，渠道的力量与其说是下降了，不如说是被分散了。

少数集中的渠道分散为更多的新媒体平台，从新媒体平台分散到一个个新媒体账号上。

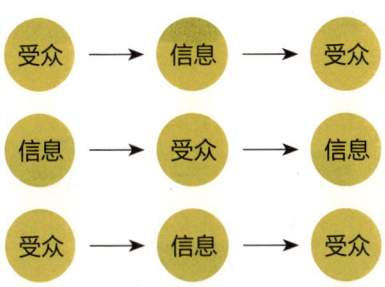

图1-2　新媒体时代的信息传播路径

在新媒体时代的传播路径中，把关人对内容的审核规则在某种程度上更迭为新媒体平台的运营规则，而运营规则相比过去宽松了许多。这样一来，内容创作者必然会悉心研究新媒体平台的运营规则，内容逐渐产品化，因为是否适应新的运营规则决定了他们能获取多少用户的点击，决定了内容获取流量的多寡，也决定了他们自身的收益。

因此，新媒体时代的内容相比于传统媒体时代，具有良莠不齐、海量和平民化的特征。越通俗的内容，受众面就越广，越猎奇的信息，越容易吸引眼球，这样的信息传播机制也是导致"标题党"和不良信息泛滥的元凶。

与此同时，随着内容的产品化，受众的身份也从读者变为用户，用户对内容发表意见这一行为是受到媒体平台鼓励的，因为这能体现平台的黏性与活跃度。用户不再是面容模糊的一群人，他们对内容的评论具体而富有个性,他们彼此之间不再孤立,他们能看到其他用户对内容的评论,甚至能为自己认同的评论送上一个"赞"。

现在我们再回过头看看本章开篇那句话:"新媒体时代,创作者需要身兼媒体人属性。"这句话其实有三层含义:第一,新媒体时代的创作者,需要像媒体人那样懂得传播的规律,了解每一种媒介渠道的特征,仅仅醉心于内容的打磨是不够的;第二,新媒体时代的创作者,需要做自己内容的把关人,在内容质量与流量之间寻求平衡;第三,新媒体时代的创作者,越来越不需要"借助"媒体,而是可以直接拥有自己的媒体,经营自己的媒体,这也是"新媒体运营"一词的真实含义。

这一章的内容,将带你了解新媒体时代信息传播的基本规律、媒介渠道的特点及信息演化的道路,为你写出受欢迎的内容打下坚实的基础。

1.1 新媒体传播"二十字诀"

新媒体时代,在浩如烟海的信息中,为什么有的信息轻而易举地就被用户过滤掉了,有的却像浑身长着钩子一般,能够牢牢地钩住用户的注意力?在注意力成为稀缺资源的时代,到底应该怎样去撰写和编辑信息,才能更高效地获取用户注意力呢?一般来说,能够成功获取用户注意力的信息都具有五个特征,这五个特征可以用"二十字诀"进行概括。它们分别是：信息前置、短者为王、信息增量、引发共鸣、疏导焦虑。每一个特征具体怎么理解？接下来我将逐一进行分析。

1. 信息前置：缩短信息路径

信息前置的含义很简单，就是把最重要、最核心、最吸引人的信息放到最前面。对于一篇文章而言，要把最重要、最核心、最吸引人的信息放到标题中；对文章的正文而言，要把最重要、最核心、最吸引人的信息放到第一段；对一个段落而言，要把最重要、最核心、最吸引人的信息放到段落的第一句话。对于视频和图片来说，要把最重要、最核心、最吸引人的信息放在首图上。

信息前置的本质，就是缩短用户接触到核心信息的路径。这与新媒体时代信息呈现的方式有密切关系。

这也可以解释，为什么新媒体时代的标题正变得越来越长。在纸媒时代，做记者的人都知道，好标题有一个重要的要素：短。这是因为纸质印刷物的成本高，并且版面有限。到了新媒体时代，标题已经摆脱了空间的束缚，目前，微信公众号允许的标题长度为64个字，头条号允许的标题长度为30个字。有第三方机构曾对2000多篇阅读量"10万+"的文章进行分析，发现微信公众号标题的平均字数，已从2015年的18.02个字增加到2017年的21.66个字，其中，最长的标题达到了61个字。为了抓住用户的注意力，优秀的内容创作者们通常会在标题里呈现尽可能多的信息和关键词，有的甚至达到"一个标题讲完一个故事"的地步。

传统媒体时代"成都茶馆的魅力"这个标题，到了新媒体时代就可能被写成"全成都9264家茶馆,每天超10万成都人泡茶馆,原因是什么";传统媒体时代"探秘肯尼迪家族"这个标题,到了新媒体时代则可能被写为"这个权贵家族富了4代,出过总统,但出现各种非正常死亡"。后者往往字数更多,信息更丰富,内容也更吸睛。

2. 短者为王:信息"去臃肿化"

上文中提到新媒体时代的文章标题正变得越来越长,并不意味着文章也是越长越好。事实上,新媒体时代的用户阅读习惯已被培养得越来越"急躁",社交媒体鼓励140字以内的内容,短视频平台鼓励15秒甚至10秒以内的内容,平台的推波助澜让用户注意力的转移速度更快了。

今日头条曾公布过一组数据,数据显示用户阅读文章的跳出率与文章长度成正比(跳出率是指未读完文章的用户数与读完整篇文章的用户数的比率)。在今日头条平台上,1000字以内文章跳出率最低,为22.1%,4000字左右的长文跳出率最高,达到了65.8%,也就是说,有超过一半的用户打开一篇文章发现太长后,会选择跳出。

与此同时,用户的平均停留时长,也并未随着文章字数的翻倍而成倍增加,数据显示,1000字以内的文章平均停留时长为48.3秒,而2000~4000字的文章,平均停留时长仅为69.3秒。而在2018年,今日头条创作者们发布的文章平均字数为845字。这些数据告诉我们,在当前的传播环境下,用户对1000字内的文章接受度更高,信息的传达可以更完整。

如果说信息前置的本质是为了缩短用户触达核心内容的路径，短者为王的本质就是降低用户的阅读成本。这里的阅读成本包含两个层面：一是用户阅读内容的心理成本，文章越长，用户阅读的心理成本也就越高，导致他们越容易放弃阅读；二是用户消化内容的成本，文章越长用户就越难消化。这两个成本的提升，都极大地影响了信息的传播度。

3. 信息增量：摒弃无效内容

伴随着信息爆炸而来的，是信息的同质化。在"搬运""洗稿"等行为屡见不鲜的新媒体环境下，信息同质化现象更是愈演愈烈。面对毫无新意的重复信息的刺激，用户必然会将它们无情地过滤掉。想要通过信息获取用户的注意力，信息增量是一条非常重要的原则。

信息增量是指内容必须包含用户不知道的新信息，否则该内容对用户而言就是无效信息。

另一些优秀的例子，比如《写出〈狂人日记〉的鲁迅，竟然是个脑洞大开的设计师》这篇文章，在许多平台上都获得了可观的流量，原因就在于它提供了"文学大师鲁迅也是个设计高手"这一信息增量。

内容的信息增量如此重要，是否意味着信息增量越多越好呢？事实并非如此。如果内容过于新鲜，用户理解和消化它的成本就会变高。也就是说，如果内容的信息增量过多，反而会影响传播的效果。

内容的信息增量与内容的传播度之间的关系，呈现出一条抛物线的形状，如图 1-3 所示：当内容的信息增量达到一个阈值之前，它的传播度与信息增量成正比。也就是说，在这个区间的内容信息增量越大，传播度就越高。但当内容的信息增量超过一个阈值之后，它的传播度就和信息增量成反比了，内容从新奇变成了陌生，传播度也会遭到削弱。

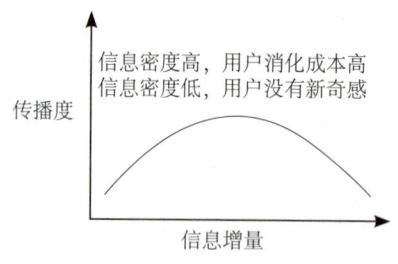

图 1-3　内容的信息增量与传播度之间的关系

4. 引发共鸣：满足人性公约数

那些广为传播的内容通常很能引发人们的共鸣，而这种共鸣背后的深层原因，在于它们大部分都满足了"人性公约数"。什么叫人性公约数？我们知道，有的内容只会在固定的圈层中引发用户关注，比如苹果手机发布会，就只有"果粉"、科技行业从业者等特定的垂直人群才会关注，又比如足球赛况报道，只有球迷群体会关注。但是有一些内容，它们的受众可以广泛到不分年龄、不分性别、不分地域也不分行业，它们可以牵动最大范围人群的注意力和情绪，这样的内容就是满足人性公约数的内容。

2017 年，一座铜制小女孩雕塑出现在纽约华尔街的地标建筑铜牛雕塑对面。"女孩"双手叉腰，下巴扬起，表情坚毅，名为

"无畏女孩"。这座雕塑的出现是麦肯纽约广告公司和道富环球投资管理公司策划的一起营销事件,希望通过小女孩雕塑呼吁性别平等,尤其是呼吁让更多女性顾问加入公司集团董事会。

雕塑亮相后,立刻引起了各大媒体的报道,并在社交媒体中掀起波澜。据统计,"无畏女孩"3个月内在 Twitter 上的曝光次数达到 48 亿次,在 Instagram 上的曝光次数超过 7.45 亿次,它也由一个暂时性的展览品变成了一处固定的景观,吸引着无数经过华尔街的人前来参观与合影。同时"无畏女孩"为麦肯纽约广告公司横扫当年广告界各项大奖,也为广告主道富公司创造了超过 700 万亿美元的广告价值。道富公司表示,这项营销活动直接导致了其投资的 476 家公司中,有 76 家公司将"积极致力于促进女性平权的运动"。

"无畏女孩"身上除了有女权主义话题的元素,也寄寓着人们对平等精神的渴望,这种渴望是满足人性公约数的,无论男女老少,无论是华尔街精英还是清洁工人,都能对这种精神产生共鸣。正因如此,"无畏女孩"才由一个营销创意变为华尔街的新地标,数百万名游客和当地居民前来观摩,无数人模仿她昂头叉腰的姿势拍照,无数人从她身上得到振奋与鼓舞,这正是人性公约数的力量。

5. 疏导焦虑:开启多巴胺按钮

多巴胺是一种神经传导物质,它会传递开心、兴奋的信息。每个人的身上都藏着多巴胺按钮,一些固定的行为能有效地触发这一按钮。收纳收藏、运动、目标达成、恋爱等行为,之所以能让人们感觉舒爽愉悦,就是因为它们能够促进人体多巴胺的分泌。

在信息传播层面，多巴胺可以有效提升某项信息在人们心智中的显著性并引起积极反馈。如果一项内容具有促进多巴胺分泌的作用，那它们获得用户关注度和好感度的可能性就会提升。

在快节奏的当代社会，几乎人人都心怀焦虑，这个时候，那些能够帮助人们疏导或舒缓焦虑的内容，就比较容易获取用户的注意力。

比如近几年日益流行的"吃播"，人们之所以愿意花时间看主播坐在镜头前吃掉一堆堆食物而不觉得无聊，有的甚至一看就是一小时，就是因为进食本身就是一项解压、治愈的行为，即使是看别人吃也是如此。

1.2 借助算法实现刷屏

过去，掌握着信息分发权的是"把关人"，又叫"看门人"（Gate Keeper）。他们或是个人，如记者、编辑，或是某个媒体组织。把关人扮演着信息过滤器的角色，会对信息进行筛选、过滤，将那些不适合出现在受众面前的信息过滤掉。在这个时期，信息分发主要以人工分发的机制进行。

在新媒体时代，随着内容数量的激增，人工分发的效率已经无法满足内容生产行业的需要，技术分发成为一种新的解决方案。一般而言，一个人一天能处理的文章数量大概为1000篇，而机器一秒钟就能处理100篇文章，因此算法技术成为顺应信息爆炸时代信息分发需要的一种必然选择。

目前，分发信息的技术机制主要分为两类：社交分发和算法分发。

社交分发基于用户的社交关系链，一般采用"订阅"的机制，用户订阅自己感兴趣的账号，或是与自己关联度较高的账号，比如他的亲人、朋友、同事等，并通过他们来获取信息。社交分发的本质，其实是将信息分发的权力让渡给了用户所订阅的对象，他的亲朋好友、崇拜的人、感兴趣的人化身为他专属的一个个把关人，他们决定了用户能看到什么内容。微信、微博、Meta、Instagram等平台就是以社交分发机制为主的平台。

算法分发则基于推荐算法模型，通过记录、分析用户的阅读习惯及偏好，向他们推荐与其兴趣关联度较高的内容。用户在内容平台上每一次的点击、停留、评论与点赞等行为，都会被算法记录下来，并视作用户对内容的"投票"，成为算法判断他们是否对内容感兴趣的标准之一。今日头条、抖音等平台就是以算法分发机制为主的平台。

那么，在不同类型的媒体平台上，需要把握哪些要点和精髓，才能帮助我们提升传播的效率呢？接下来就以微信和今日头条两大平台为例，分析在社交媒体和算法平台之上的传播要点。

1. 社交媒体：转发是传播的关键

相比于人工分发与算法分发，社交分发机制有哪些特点呢？

在社交媒体上获取信息的用户，不仅仅是在被动地接收来自其所关注主体发布的信息,他们同时也积极地参与到整个传播过程中,社交媒体总体而言是用户获取信息、发布观点或生活动态、表达意见的一个"广场"。这就决定了用户与信息的互动性是很强的,如果用户认同一则信息,他会进行转发或者点赞甚至写下自己的评论,如果用户不认同一则信息,他也许不会通过转发来帮助这则信息传播,而是在内容下留下负面的评论,他也可以通过转发并附上负面的评论,来发表自己的观点。因此,高互动性可以视作社交分发的一大特征,用户的转发行为是一种非常有效的传播助推器。

此外,社交分发还具备高信任度的特征。这是指用户对于社交分发而来的信息具有基本的信任感。由于用户订阅的内容都来自他们的亲朋好友或是他们认同的媒体、意见领袖,用户在看到这些信息之前,其实已经经过了"订阅"这一行为的过滤,因此用户对这些主体发布的内容是具备信任感的。这也是为什么谣言在社交媒体上通常更加肆虐,用户往往更容易对自己信任的人发布的内容放松警惕。

通过上述分析可以知道,一则信息能否在社交媒体获得较好的传播,能否触发用户的转发行为就变得至关重要。用户的转发意味着这些信息不仅能获得这一次传播,还能借助社交链条里自带的天然的信任感,获得二次、三次乃至更多次数的传播。

那么,什么样的信息更容易在社交分发机制主导的平台获得转发呢?归纳起来,它们主要有以下四个特征。

特征一：让用户觉得"与我有关"

Meta 创始人扎克伯格曾说过：人们对自己家门口一只濒死松鼠的关心，更甚于对非洲难民。这句话说的就是信息与人的关联度的问题。当一则信息与用户的关联度很低时，它对用户而言在很大程度上就是一则无效信息，很难吸引他们的注意。人们关心的是那些与他们的生活、工作、兴趣息息相关的信息。因此，一则信息要想在社交媒体上获得较好的传播，让用户觉得"与我有关"就变得很重要。

比如，当向用户普及垃圾分类政策时，就可以尝试使用类似这样的开篇：

> 你可能不会想到，今后当你喝奶茶和吃小龙虾的时候，不会再像过去那么肆无忌惮了，就算你不用在心里盘算卡路里的数值，你也得问问自己，珍珠奶茶和小龙虾到底是干垃圾，还是湿垃圾？我该把它们扔进哪个垃圾桶里，才不会被罚款？

特征二：填补用户的"知识缺口"

美国行为经济学家洛温施坦认为，知识的缺口会导致痛苦。在新媒体时代，许多内容都会利用"知识缺口"来获取用户的注意力，比如下面这些标题：

> 现在盛行一种"新毒药"，它可能就在你家冰箱里

罗斯柴尔德家族究竟多有钱

比尔·盖茨家里真的养了一头鲸

为什么美少女们都争相去厕所"打卡"

这些标题有一个共同的特点，就是它们都撕开了用户某个领域的知识缺口，让用户产生心痒难耐的感觉，必须点开标题一探究竟，才能消除知识缺口带来的痛苦。这样的内容可以满足用户的好奇心，也容易使他们产生转发的欲望，因为这样的信息会让已经读过的人与尚未读过的人之间产生"信息阶梯"。而处于"信息阶梯"上层会带来优越感。

特征三："为用户增添"人格光环"

活跃在社交媒体上的用户，无论是有意识还是无意识，他们的每一个动作其实都在塑造着他们个人的虚拟形象。

人们往往也更倾向于发布对自己的虚拟形象构建有益的内容。因此，那些能够提升用户虚拟形象的内容，那些能为他们增添"人格光环"的内容，往往更容易获得他们的转发。

为什么在社交媒体上，萌宠能带来其他内容难以比拟的巨大流量？除了这些小动物凭借其可爱激发起人们的怜爱，用户每发布、转发一则与萌宠相关的信息，都透露出"我喜欢小动物，我是一位爱心人士"的隐藏信息。大部分职场人士总爱转发行业资讯、采访报道、行业报告等内容，这些内容大多打着"深度""专业"的标签，可以帮助职场人士传递出其有水准而又热爱工作的形象。

"点赞，是我们时代的可卡因。"这是普林斯顿大学心理学教授亚当·奥尔特在其著作《欲罢不能：刷屏时代如何摆脱行为上瘾》中提出的一个观点。纵观国内外各大社交媒体，其产品机制中都设置了"点赞""喜欢"等按钮，这一机制的目的就是让用户收获来自发布内容的正面反馈，从而鼓励、刺激他们不断在社交媒体上分享内容，在某种程度上这是一种令用户"上瘾"的机制。

特征四：用热点为用户提供"社交货币"

借势，又称"追热点"，长期以来就是新媒体创作者的一项铁律。借势的本质其实是利用某个公共话题被大多数人热议时产生的磁场，带动相关话题也受到人们的关注。对于普通用户而言，看新闻、追热点除了能让他们获得新鲜的内容，也让他们获得与别人交流时不可或缺的谈资。从这个角度来看，热点对于用户来说其实是一种社交货币，能帮助他们轻松地找到共同话题，推进彼此之间的交流。

对创作者而言，如果所创作的内容与某个热点话题强相关，那么这个内容的传播门槛已经大大降低了，它能够获得热点话题带来的天然的关注度。不过，追热点并不单纯只是在内容中加入几个网络流行语或者热门的"梗"，要知道一个热点发生时，所有媒体人、新媒体人和广告营销人都在磨刀霍霍准备借势，竞争可谓相当激烈。想要从中脱颖而出，就需要创作者对热点话题进行二次挖掘，一方面找出和原本要创作的主题强关联的连接点，另一方面要提供一些用户还并不知晓的新信息，这样创作出的借势内容才有可能引发用户的主动转发，不至于淹没在浩浩荡荡的借势大军中。

2. 算法平台：关键词能让算法读懂你

在社交分发机制中，人尚且扮演着重要的信息分发者角色，而在算法分发机制中，人就已经完全退居二线，隐藏到机器算法推荐规则的背后，只在制定平台运营规则和对部分内容进行终审时候发挥较为重要的作用。

那么，机器算法到底是以什么样的机制去推荐内容的呢？简单来说，算法的策略是让用户对自己收到的信息进行持续的"投票"。用户投票的方式可能是：点击（不点击）、阅读时间、终止阅读、顶（踩）、分享、搜索、屏蔽、投诉等。这些用户使用过程中留下的大量数据痕迹，就成为推荐引擎推算用户需求的依据。机器通过学习和分析用户的行为轨迹，为每一个用户建立他们专属的特征模型，并为他们进行个性化信息推荐。

算法推荐机制以用户的兴趣关键词为核心，但也并非只有这一个推荐维度，通常，算法还会辅以全平台热点、用户所在地理位置、时间、兴趣相似用户推荐等维度，综合起来为用户推荐内容。仔细分析这些维度就会发现，算法其实一直在力求推荐那些与用户关联度高、热度高、与兴趣相似用户关注内容相似度高的内容，本质上与上文提及的社交分发的几大原则一致，不同的是达到这一目标的途径是机器算法罢了。

　　与社交分发机制比起来,算法分发机制是一种去中心化的分发机制。对用户而言,算法非常忠实于他们自己的选择,能减少无效信息出现在时间线的频率;对创作者而言,算法让他们的内容更容易实现冷启动,并且对一些小众的长尾内容而言,也能有更大的机会通过算法的"配对"而找寻到精准的读者。对平台而言,算法分发机制有助于为广告主精准地匹配目标用户,并且平台方能最大限度地掌控广告分发权,以此获得几乎全部的广告收入,而不会像社交媒体那样被其平台上的意见领袖分去大块的蛋糕。因此,从上述三个层面来看,算法分发机制都取得了某种意义上的进步。

　　通常情况下,算法在判断一则内容时,关键词所占的权重会非常高,标题中出现的关键词及正文中出现频率较高的关键词,会成为算法判断这则内容的主要特征。这也是导致算法无法分辨一部分"标题党"、假新闻、低质低俗内容的重要原因。

　　因此对于创作者而言,在算法分发机制主导的平台传播内容时,对标题的优化就显得十分重要。这里有一个实用技巧是,由于机器算法对抽象的词汇更难理解,导致分发不够精准,因此在标题的撰写中,应该尽量使用名词,同时标题里出现的信息关键要素越多,获得算法分发的概率就越高,这也是导致新媒体时代标题越来越长且越来越具有故事感的原因之一。

第 2 章

用户的新喜好和小心思

2.1 互联网毒化了用户的大脑吗

美国作家尼古拉斯·卡尔在《浅薄：你是互联网的奴隶还是主宰者》一书中，比较了互联网诞生前后，不同媒介形式对人们思维方式的影响。卡尔认为，由于人的大脑是高度可塑的，互联网的出现，正在让全神贯注的"线性思维"被一种新的、更"浅薄"的思维模式取代，新的思维模式习惯于用简短、杂乱、爆炸性的方式收发信息，遵循的原则是越快越好。

随着人们阅读的载体从纸面发展到屏幕，发生变化的不仅是人们的阅读方式，还有人们阅读的专注程度和深入程度。互联网时代的阅读是一种"超链接"式阅读，我们在网页上的许多文章中都能看到超链接，点击这些超链接，我们就可以从一篇文章链接到另一篇文章，从一个观点跳到另一个观点。在数字文档的链接之间跳跃，显然比在纸质印刷品之间来回翻阅要便捷和高效许多。

然而，超链接在充当高效导航工具的同时，也不可避免地导致了用户精力的分散。与此同时，用户的阅读方式也会发生很大的变化。过去，用户可以捧着一本书沉浸式地、从头至尾地将它读完，现在，用户在读某一篇文章时就可能被其中的某个超链接吸引，整个阅读路线可能会呈现树枝那样的枝丫状。也就是说，用户的阅读方式正在由"线性阅读"向"非线性阅读"转变。

互联网的阅读环境鼓励浅度、非线性、多任务式的阅读，它还设计了一个高效反馈的机制来鼓励大家这样做。比如，我们每点开一个链接，就可以看到一堆新鲜的内容；我们每刷一次朋友圈，让人心痒难耐的"小红点"就会消失；我们在搜索引擎上每搜索一次内容，就会看到相关信息的列表。

在尼古拉斯·卡尔看来，互联网毒化了用户的大脑，让人们变得越来越"浅薄"，这里的"浅薄"或许不是一个贬义词，它代表着用户的阅读习惯乃至思维模式都正在丧失"深潜"的能力。在新媒体时代，创作者必须知晓用户阅读习惯和思维模式的变化，并在内容质量与用户喜好之间寻找平衡，才有更大的概率创作出受人欢迎的作品。

2.2 数字时代用户的五种"病症"

数字时代，用户在接收信息、消化信息、传播信息时，到底有哪些习惯和偏好呢？了解他们的特征和了解媒介渠道的特征同样重要。如果把渠道比作河道，内容比作河水，用户就好像河流的入海口，我们囤积了河水，精心规划了河道，如果找不到入海口，或者中途被大坝拦截了下来，那之前的努力就全都白费了。要让内容的洪流奔腾着顺利抵达用户那里，而不是引发洪灾或者流入一片荒漠蒸发殆尽，就必须对用户的喜好和心理了如指掌。

数字时代的居民是双面的、矛盾的，他们一面兴致勃勃、精力充沛，眼神追逐着一条条滑过信息流的内容，一面又疲惫不堪、精神涣散，眼睛下长着浓厚的黑色眼圈；他们一面渴望着更多新鲜的内容与刺激，一面又因为信息过载而感到焦虑不已。归纳起来，数字时代的用户在信息消费领域具有以下五种"病症"。

病症一：注意力涣散症

注意力涣散症，或许是信息过载的数字时代最为常见的一种大众病症了。韩裔瑞士籍哲学家韩炳哲在其著作《倦怠社会》中提出了"超注意力"的概念，认为人们的深度注意力正在日益边缘化、涣散化，并在不间断的多个信息源之间来回切换，他这样描述道：

> 过度的刺激、信息和资讯，从根本上改变了注意力的结构和运作方式，感知因此变得分散、碎片化。深度注意力日益边缘化，让位于另一种注意力——超注意力。这种涣散的注意力体现为不断地在多个任务、信息来源和工作日程之间转换焦点。

不得不承认，如今让人分散注意力的事物可谓密集地分布在用户周围，电子邮件、朋友的短消息、新闻桌面弹窗、股市信息、明星八卦等，只要有屏幕在的地方，就有取之不尽、用之不竭的信息。人们通常不停地重复着相似的动作：拖动鼠标并点击鼠标按钮，敲击电脑键盘，在一个个网页间切换、手指在狭小的手机键盘上迅速跳跃，拇指向下以拖动信息流，点击消除一个个因为更新信息而出现的"小红点"……

我们在做出这些行为的同时，我们的眼睛、耳朵、指尖都会收到相应的反馈，我们大脑的视觉皮层、触觉皮层和听觉皮层也会随之收到稳定的刺激，我们的大脑也变得越来越习惯如此高频切换与多任务并行的模式。也就是说，我们的大脑已经接受了导致注意力分散的各类刺激，并默认它们为正常模式了。

过去，当人们接收信息时，比如当我们读一本书、读一份报纸时，我们的注意力就像在进行一次"深潜"，纸质读物给我们提供了潜水所需的足够的"氧气"，而数字时代，当我们消费内容时，我们的注意力就好像在进行一次次的"浮潜"，我们需要不时地浮出水面进行"缓气"，而在这个过程中，注意力的连贯性与深度就随之失去了。

这种现象也被称作"注意力残留症"（Attention Residue），也是多任务、多线条并行的工作模式所导致的一种"病症"。注意力残留是指当人们从任务A转向任务B时，我们的注意力并没有即时转移，残留的一部分注意力依然在思考任务A。如果在转移之前，我们对任务A缺乏控制或关注度较低，这种残留就会更加严重。即使在转移之前我们已经完成了任务A，我们的注意力依然会有一段残留的时间。任务的间断会导致工作效率降低，在多个任务、多件事项叠加时就会产生注意力残留。

当代用户的工作、生活、娱乐环境，都是一种允许注意力残留出现的环境。在职场中，人们在多个会议中穿梭，在电脑前伏案时，会不时地收到不得不查看并及时回复的电子邮件；在生活中、娱乐中，在发达的消费社会和应接不暇的商品面前，用户的注意力也很容易发生转移。注意力残留现象不利于人们养成深度工作、深度思考的习惯，也会导致效率的降低。

病症二：错失恐惧症

随着技术的发展，人们的社交行为已经全面"线上化"了。智能手机变成了人类随身携带的"新器官"，微信、微博等平台让人们随时随地可以与他人保持沟通，人类只要睁着眼，就一直处于心理上的在线状态，对互联网的依赖正在持续增强。这就导致当一个人不在线、未连线时，往往会感受到一种怅然若失的焦虑感，这样的焦虑会让人们产生负面情绪和抑郁感受，这被称为"错失恐惧症"（Fear of Missing Out，简称 FOMO）。

一般而言，当用户错过了某个社交事件、社交经历、社交互动，或是对它们既没参与也不知情时，就会引发错失恐惧症。比如，人们总是担心错过朋友圈的动态，每个"小红点"出现时都要及时消灭；自己所在的微信群里就算有 100 条未读信息，也要爬回顶部一条条读完；出门要是忘带手机，那感觉简直比坐牢还难熬；要是在朋友圈刷到了几个好友在聚会时发的照片而你对此毫不知情，那一刻真的会产生被世界遗弃的恐惧。

不过，一些饱受错失恐惧症困扰的人也反向滋生出另一种心态，那就是 JOMO（Joy of Missing Out）心理，即"享受错过"。关闭微信朋友圈、不带手机出门一天等行为都属于 JOMO 的范畴，这样的行为在信息过载的传播环境下，往往能给当事人带来放空般的治愈作用。

病症三：社交焦虑症

社交媒体在给人们带来丰富的信息与娱乐的同时，也带来了不小的社交焦虑。在社交媒体上，人们展示自己的生活、表达自我的观点并在虚拟世界进行社交，但是这种展示与表达比线下的社交更容易进行粉饰与伪装——人们往往倾向于在社交媒体上展示自己生活的"高光时刻"，有选择性地展示生活的酸甜苦辣，社交媒体上大部分人的生活看上去都是光彩熠熠的，这样的特点，就很容易让平台上的用户因攀比而产生压力与失落感。

据调研机构 Origin 数据显示，有超过一半的 Z 世代成年人表示他们"正在减少对社交媒体使用"，甚至有 1/3 的人表示会永久关闭社交媒体账户。可以看出，与日俱增的社交压力已经让不少年轻人开始重新审视甚至阶段性放弃社交媒体。在国内年轻人中，也有不少人正在使用"关闭朋友圈"或"只显示 3 天朋友圈"的微信功能。不少中国用户认为，社交媒体使得他们的个人信息安全及隐私缺乏保障，减少了他们的睡眠时间，使他们的注意力变得不够集中甚至让他们的视力变差。

"发条朋友圈"或"发推"成了许多人在生活中遇到开心、惊喜、意外时第一时间的反应。甚至有的人在遭遇车祸、地震等危险事件后所做的第一件事也是在社交媒体上更新状态。除了这些较为极端的案例，越来越多的人也开始意识到，社交媒体占用了他们太多时间，让他们错过了生活中更多真实的瞬间。就连著名歌手麦当娜也在接受媒体采访谈到社交媒体时表示"它们只会让你们感觉更不好"。麦当娜在社交媒体上是名副其实的"大 V"，拥有的粉丝数量超过 3000 万人，她认为社交媒体会让人不自觉地和其他人比较，而这种比较只会让人更不喜欢自己，并让人成为获得他人肯定的奴隶。麦当娜的观点也道出了人们对运营自己社交账户,以及维护自己社交面孔、希望获得他们肯定的压力。

病症四:"第一世界问题"症

"第一世界问题"(First-world Problem),是指那些微不足道、鸡毛蒜皮,甚至看上去有点矫情的问题,它们与饥荒、战争、疾病等严峻的"第三世界问题"形成鲜明对比。当人们的衣食住行等方面的物质需求得到满足与提升之后,就开始将关注点转移到一些"微不足道"的小问题上来了。比如,以下事件就属于典型的"第一世界问题":

手机电量只剩10%了插座没法同时插上两孔和三孔电源,早上睡醒短发发梢乱翘,今天出门锁门了吗,被网约车司机取消订单,喜欢的食物被便利店下架……

这些琐碎的事虽然并不致命,却会催生人们大量、高频、小型的焦虑,在一定程度上影响生活质量。用户在社交媒体上吐槽得最多的,或者最容易引发他们吐槽的,也是诸如此类的"第一世界问题"。对于新媒体时代的创作者而言,也需要敏锐地洞察到各式各样的"第一世界问题",将其融入自己的创作中,这样的内容会更真实生动,也更容易引发受众的共鸣。

病症五:"后真相"沉迷症

"后真相"(Post-truth)一词,曾被评选为2016年《牛津词典》年度关键词。它是指比起陈述客观的事实,诉诸情感和个人信念的内容更能影响舆论的现象。也就是说,在"后真相"时代,事实是什么变得不重要了,人们对事件产生的情绪超过了事实本身。

比如在英国脱欧、特朗普当选美国总统等"黑天鹅事件"中，往往是情绪先行而真相滞后。而许多大众眼中的"真相"，其实是经过刻意的加工、篡改、煽动或断章取义的，目的就是迎合大众心理，获取人们的注意力和主动传播。在社交媒体、智能推荐平台缺乏传统专业把关人的产品机制下，在新媒体时代部分创作者对流量的强烈渴求的心理影响下，"后真相"的现象愈演愈烈。

《连线》杂志主笔凯文·凯利认为，当前时代的"真相"已经不再由权威来定义，而是用户通过周围人分享的信息拼凑而成的。这样的"真相"后面，往往会跟随着一个甚至多个"反转"，真相也越发扑朔迷离。

2016年，微信平台就上演过一次大型"反转"事件。11月25日，一位名叫罗尔的作家在其微信公众号发布了一篇推文《罗一笑，你给我站住》，称其5岁的女儿罗一笑不幸罹患白血病，他并没有发起公益募捐，而是选择"卖文"，称用户每转发一次，便会为罗一笑的治疗筹款多增加一元钱。

此前，罗尔曾在其微信公众号中提及，他将把记录罗一笑与病魔战斗的历程发布在一个名为"小铜人"的公众号中，读者每转发一次，小铜人便捐给罗一笑一元钱，文章同时开设赞赏功能，赞赏金全部归罗一笑。《罗一笑，你给我站住》一文，在微信的传播力度之大，可以说前所未有，仅转发次数就达到上千万次，并收到了来自用户的打赏金额超过252万元。

后经媒体调查发现，"小铜人"是一家金融服务公司，其与罗尔策划的捐款事件带有明显的营销炒作性质。罗一笑事件中，一开始人们就被掀起了巨大的情绪波澜，他们被罗尔的文章感动，为罗一笑遭遇不幸而感到悲伤，甚至不惜慷慨解囊，利用微信的打赏机制自发地为小女孩捐款，但这一事件也没有逃过"反转"的命运，当事实发生逆转时，用户的情绪由同情转为愤怒，微信平台也将用户的打赏金额悉数退还。

2.3 数字时代用户的五种心理

当前的时代，是一个高度便捷、高度连接的时代。用户动动手指头就能在公开的线上渠道发表观点或展示生活。他们可以参与一个个社交话题的狂欢，参与创作或捧红精彩的热词与热梗；他们彼此互联互通，热衷于分享对产品的喜爱和吐槽；他们享受着高度便利的生活，用打车软件叫车，用外卖软件点餐，用排号软件预约餐厅，在许多生活琐事中可以省去等待的麻烦。总结起来，新媒体的高度发达，已经充分释放了用户的情绪、表现欲、创作欲和占有欲。因此，打卡心理、种草心理、微情绪心理、微创作心理、即时心理，就成为当代用户的典型新型心理。

第一种：打卡心理

美国互联网公司 Dscout 的调研数据显示，人们平均每天点击手机 2617 次，手机屏幕亮着的时间共有 145 分钟。也就是说，每隔几分钟，手机就会把我们从现实世界拽入线上的虚拟世界，并在那里流连忘返。人们花在手机和网络上的时间比过去任何时候都多。

正如安迪·沃霍尔所说的，这是一个人人都能当15分钟明星的时代。社交媒体逐渐释放着用户的表达欲，人人都有自己的舞台，都乐于经营自己的"人设"，比起做沉默的观众，用户越来越乐于自己做"演员"。

手机屏幕已不再是一块光滑的平面玻璃，而是赛博世界中一座体积无限的立体舞台。

在社交媒体上流行着一个词叫"打卡"。不同于健身打卡、背单词打卡，这个"打卡"是指用户去了某个地方之后，拍照晒留影这一行为，比如"打卡××网红餐厅""打卡××拍照胜地"。打卡的本质，是一种在线上分享线下体验的行为，它带有某种仪式化的意味，打卡行为背后的心理机制是"晒"，并供后打卡者参考、模仿。

对于越来越多的用户而言，一个景点是否值得浏览、一个餐厅是否值得去用餐、对一个线下活动是否有趣，在于它是否适合拍照并发布到社交媒体上。比如在2019年年底，生鲜电商品牌盒马就在上海开了一家特别的"超市"，"超市"中售卖的蔬果肉类和鸡蛋都是色彩明亮的、毛茸茸的——这些物品都由毛毡制作而成。这其实是盒马为吸引用户而打造的一家快闪店，用户走进这家快闪店就能欣赏或购买英国艺术家露西·斯帕罗(Lucy Sparrow)亲手缝制的毛毡艺术品。

这些毛毡版"生鲜"不仅可爱而且逼真，展览中有"生鲜区",用户在这里可以看到大大的U形"冷鲜台",上面整齐陈列着"海鲜"和"肉类",蛤蜊、海胆、生蚝、多宝鱼、帝王蟹……种类繁多,琳琅满目;不仅有"冷鲜台",也有一排排装满"货物"的冰柜,里面摆放着毛毡制成的鲜牛奶和鲜榨橙汁;"蔬果"就更加"高甜高萌"了,火龙果、香蕉、苹果、西瓜、胡萝卜……色彩明艳,让人忍不住拿起相机一通拍。这家特别"超市"成为当地红极一时的打卡胜地。

除了与盒马的合作,其实英国艺术家露西·斯帕罗此前就曾推出过一家名为Sparrow Mart的毛毡"便利店",这家快闪店还原了一家便利店的构造和商品,薯片、饮料、饼干、卫生用品应有尽有,260平方米的店里,摆满了超过31000种毛毡产品,顾客不仅可以在这家毛茸茸的便利店里拍照"打卡",也可以购买自己喜欢的毛毡艺术品。

为了提升体验感,还原便利店购物的场景,顾客需要使用购物车和篮子来装载商品,还得去结账柜台排队结账。虽然卖的是"假货",但Sparrow Mart不仅红遍了Instagram,还曾经在三天内售空过9000多件毛毡商品,快闪展览还因为商品提前售罄而提前关闭。"打卡"这种充分调动了用户自传播力的方式,在信息流通异常快速的新媒体时代,蕴藏着巨大的商业能量。

第二种:种草心理

如果留心就会发现,如今,诸如"网红餐厅""网红酒店""网红面膜""网红打卡地"等说法越来越普遍了。任何商品、服务、体验,只要加上"网红"两个字的前缀,就很容易让用户

"种草"。"种草"是指用户心里有了对某种商品的购买欲望或计划，一旦用户购买了自己中意已久的产品就叫"拔草"。

从最早的美妆社区到各大社交媒体平台，"种草"的风潮愈演愈烈。对网红产品的迷恋，对"种草"和"拔草"的享受，是新时代消费者的一大特征，这一特征的背后是"模仿律"在作祟。

法国社会学家塔尔德曾在其著作《模仿律》中提出过一个观点：模仿是最基本的社会关系，社会是由相互模仿的个人组成的群体，每一种人的行动都在重复某种东西。除了模仿的本能，社交媒体的发达，也让用户对来自熟悉的人、关注已久的"大V"的推荐更加信赖，加之想要一探究竟的好奇心，从"种草"到"拔草"的过程就变得很容易实现。

从消费者行为来看，"种草"其实包含了一个完整过程，包括关注、发现、认可和行动。这其实也是消费者收到内外部刺激因素、产生购买念头，最后实现购买行为的过程。

第三种：微情绪心理

当今大众心理的一个侧面是：越来越多微小、细碎的情绪需要得到满足。社交媒体所构筑的虚拟空间，使得人们对情绪的关注越来越细腻，就像用户很少面对面向一个朋友抱怨昨天吃的外卖有多糟糕，但很可能在收到迟到的外卖后发一条朋友圈发泄不满。社交媒体的存在，让许多生活和情绪的细节被放大了，大众不再为宏大的情绪所倾倒，却容易被一条及时回复的微信消息所打动。

用户的情绪颗粒不仅越来越小，也越来越复杂。据输入法公司 Kika 发布的数据报告，2016 年全球移动互联网用户使用最多的 Emoji 表情为"笑哭"表情，它同时也是 2015 年《牛津词典》年度关键词。为什么这个表情那么受欢迎？最关键的一点是，它模棱两可，可以表达的情绪含义非常丰富：笑到流泪、破涕为笑、哭笑不得的无奈、尴尬、自嘲、蠢哭了……堪称线上社交的万金油。

这个颇受欢迎的"哭笑"表情可以从一个侧面告诉我们，在当前的营销环境中，用户对单一的情绪表达已越来越没有兴趣，而那些更为复杂、微妙的情绪则更接近他们情绪的真相，也更能引起他们的共鸣。

比如京东电器曾推出过一组海报，每一张海报都围绕当代人的某个情绪点，并结合电器的特点进行文案撰写。电压烧水壶的文案是"凉凉人生，记得保温"，具有防脱发控油按摩强健发根功能的激光生发梳文案是"如果没有很多钱，至少要有很多头发"。可以看到，这些电器文案都瞄准了用户生活中某种细小但确切存在的情绪，比如"凉凉人生"的孤单、脱发的困扰，而这些电器产品能在一定程度上为用户解决这些困扰，这类可以戳中用户"微情绪"的内容，更容易让用户产生代入感，也更容易赢得他们的注意。

第四种：微创作心理

赛博空间的日益发达，不仅解放了一大批患有社交恐惧症和自称患有社交恐惧症的灵魂，发布信息的低门槛和被鼓励（点赞、分享等产品机制）更让人们越来越乐于表达自己，随手发布观点或分享生活点滴，即使他们在生活中依然是羞怯、保守的人，他们的表达欲和创作欲也在不断增强。

比如风靡全球的绿色悲伤蛙Pepe，它最初是由美国艺术家马特·弗里创造的一个蛙脸人身的漫画形象，因为其特别而极其引人注意的表情红遍了社交媒体。悲伤蛙Pepe那张莫名悲伤的脸和它流露出来的黑色幽默精神，配上网友们自主创造的各式各样的表情包文案，让它成功地攻占了主流社交媒体。悲伤蛙Pepe的流行，也得益于许多网友的二次创作及加工。

神烦犬Doge、假笑男孩等风靡一时的表情包、图片、营销事件等，与悲伤蛙Pepe也有着异曲同工之处。他们的形象、寓意及被网友附加甚至"脑补"的寓意，都在一次次的二次创作中得到加强与新生。他们都是Meme的一种，有点类似于中文"梗"的意思。

Meme一词最初由英国科学家理查德·道金斯提出，他认为"Meme在诸如语言、观念、信仰、行为方式中所起的作用，就像基因在生物进化过程中所起的作用一样"，而《牛津英语词典》对Meme的解释是"通过模仿等非遗传方式传递的行为"，简言之就是文化基因。

网站"Know Your Meme"将Meme解释为"某种通过人与人互相传播，同时不断演变的内容或概念"，它可能是一张图片、一个表情或者一段视频。而这类以对原作品的二次创作为核心的文化，被称为"混制文化"，表情包、同人作品等都属于混制文化的范畴。

　　混制文化对于营销行业的启发在于，互联网的出现已经让传播环境发生了巨变，它导致了创作权的下沉：每个人都拥有发布自己作品的渠道，在"获赞""被转发"等社交媒体机制的刺激下，用户的创作欲也空前高涨，他们知道，只要自己的作品足够优秀，就能引起可观的传播。那些能够成功创造出混制模板的营销者，其品牌获得大规模传播发酵的概率也会更高。

　　第五种：即时心理

　　当下用户过着"即时"的生活：社交媒体让他们能随时随地与外界交流信息、分享动态并收到反馈，外卖 App 让他们用不着花时间做饭，也不用出门去餐厅，在家就能享用种类丰富的食物。互联网的高速发展让用户对"快"的预期不断提升，点一下手机屏幕就能获得即时的反馈，这样的满足感已经把用户"惯坏"。

　　这是一个追求"即时"和"快"的时代，哥伦比亚大学的一份研究显示，网站速度快 1 毫秒，每年带来的收益会超 1 亿美元；YouTube 从 2017 年开始上线时长为 6 秒的视频贴片广告，迎合用户日益萎缩的耐心。在新媒体时代，"标题党"的产生，也是用户求快心理的一种映射：别废话，快把最关键、最吸引人的信息直接放到标题里给我。

　　面对多元、随时可被满足的消费选择，人们停留在某个产品、品牌上的时间和耐心都极其有限，有一个名词可以描述这种心理：IWWIWWWIWI，即"I want what I want when and where I want it"

的缩写。翻译过来即"我想要的，此刻就要；我想要的，在这儿就要"。这里既强调了"我想要的"，即用户消费大多凭主观的心态，也强调了"在我想要它的时候"这种想要就马上就要的心情，体现出用户"即时消费"的行为趋势。

2.4 与用户沟通的五个策略

对创作者而言，新媒体时代是一个坏时代，用户的注意力从未如此稀缺，他们从未如此挑剔；这也是一个好时代，这个时代的用户比以往任何时候都更具有表达欲、合作性、人文精神和幽默感，他们身上蕴藏着帮助内容实现自传播的钥匙，创作者唯有跟紧他们的心理趋势，才能从疲惫的跟风者变为新颖玩法的创造者。与新媒体时代的用户进行沟通，可以用到哪些实用的策略呢？

策略一：帮助用户构建"人设"

美国活动平台 Eventbrite 数据显示，超过 3/4 的"80 后""90 后"消费者在预算有限的情况下，会优先考虑购买"体验"，而非产品。这是一个有趣的数据，由于"体验"往往比产品更具有丰富性和"可晒性"，因此它更能满足用户的打卡心理。其实在用户打卡心理的背后，通常还跟随着另一个动作，那就是"将照片发到社交媒体上"，这样的行为其实就是用户在构建自己"人设"的行为。

人们对于构建"人设"已经痴迷到什么地步？数字媒体公司 SweetyHigh's 曾针对 600 名 Z 世代年轻女孩（1995 年以后出生的女孩）进行了一次关于"收送节日礼物习惯及影响因素"的调查，发现 58% 的人希望收到的礼物可以在社交媒体上收获点赞和分享，在 13～16 岁的受访者中，52% 的人表示希望收到自己愿望清单上列出的礼物，而非得到"惊喜"。

礼物，要晒得出的才是最好的，收到礼物时的"惊喜"变得不那么重要了。虚拟空间中的个人形象经营开始受到重视，拍照打卡快要成为一种仪式，"人人都是演员"的时代正在降临。

同样，当用户转发一篇文章到朋友圈或是转发一条微博内容时，驱使他们做出这种行为的心理动机，也是通过这些内容，从各个侧面完善自己想要在社交媒体上呈现的"人设"。

在这个"人人都是演员"的时代，用户需要的不是"引导"，而是"表达"。我们不仅要考虑创意与内容，也要考虑如何才能为用户的"内心戏"提供一个舞台。那些有助于帮助用户构建"人设"的内容，会更有机会赢得用户青睐。

比如网易新闻在 2020 年年初推出的 H5《人生必做的 100 件事》，用户可在这个 H5 提供的 100 件事中，勾选自己已经完成的事项，比如"完整地看一次日出/日落""拥有一个死党""近距离接触偶像""看完 1000 本书""作为选手参加一次大型赛事"等。勾选完毕后，可以生成一张属于自己的人生已完成事项清单。

这样的 H5 看上去是一个较为有趣的互动游戏，但本质上是用户对外展现自己"小型人生成就"的一次机会。通过勾选的选项，用户可以向周围的人展示自己的喜好、成就和生活状态，比如一个用户如果勾选了"看极光""去西藏""观鲸""去喜欢的国家生活一段时间"这样的事项，其实可以反映出这名用户是一个旅行方面的高端玩家；如果一个用户选择了"潜水""高空跳伞""在星空下露营"，则可以看出这是一个喜欢极限运动、热衷冒险挑战的人；如果一个用户选择了"精通一门外语""看完1000本书""会一种乐器""学会一支舞"，那可以看出这个用户是个热爱学习、多才多艺的人。

网易新闻这个《人生必做的100件事》H5，本质上是可以帮助用户对外展示自己"人设"的，这也是这个H5能够获得用户积极参与、产生刷屏效果的重要原因。有助于帮助用户以一种有趣的方式构建自己的"人设"的内容，自然容易受到用户的追捧。

策略二：善用"模仿律"与场景

塔尔德的"模仿律"可以解释为什么大众对更容易种草"网红"产品：因为它们是拥有各种背书的、经过验证的、拥有良好口碑的绝佳模仿对象。就像戴森Supersonic吹风机，在各种推荐帖中被塑造为优雅中产生活的标准配置，购买它则可以被视作对这种生活状态的追求与模仿，用户的心理机制则是"购买了戴森Supersonic吹风机，我就过上了优雅精致的生活"。

值得关注的是，电子支付和电商的发达，已将"种草"到"拔草"之间的过程大大缩短了，对于那些客单价较低的商品，甚至只需要短短几分钟的时间。这个时候，如果创作者能在内容中突出"模仿律"的作用，对用户进行心理暗示，则可能达到事半功倍的效果。例如，在许多种草帖中，都能看到"它在Instagram上火得不行""时尚博主力推"等字眼，就是在悄悄使用"模仿律"，释放用户"种草"力的能量。

除了"模仿律"的作用，场景的渲染和暗示也非常重要。当博主们在帮助用户种草时，往往会大量使用富有场景感的内容。以口红这一商品举例，口红"种草文"可以细分用户生活中的多种场景，比如职场、约会、闺密聚会、面试都需要使用不同色号的口红，这样富有场景感的内容，更能引发用户的联想与憧憬，使得种草行为更易发生。

策略三：制造情绪显微镜，制造"微标签"

随着用户情绪的表达变得越来越细腻和细碎，他们对"标签"的反感就会与日俱增。往用户身上粗暴贴标签的时代已经过去了，但这并不代表"标签"已经完全失效。用户通过向他人、向外界展示自己寻求认同和正向反馈是天然的需求，他们之所以反感"标签"，其心理机制是"我不想和别人一样"，不想让自己的性格和别人"撞签"，这是一种对趋同和自身个性泯灭的恐惧。

如果换作描述入微、与他人重合度较小的"微标签"（microlabel），就既能弥补普通标签的粗暴，又能让用户向外界较为轻松和清楚地展示自己的个性。给用户提供"微标签"，是内容赢得用户的关键。

如果观察仔细，就会发现自带"刷屏体质"的多个测试类H5，都不只是简单地利用了用户爱晒爱秀的心理，而是都用到了"微标签"这一技巧，通过数量足够多并且能够形成多样化组合的文案，为用户勾勒出不那么容易与别人"撞签"的画像。

比如网易新闻推出的"荣格心理学"人格测试 H5，一经推出便迅速取得刷屏效果，这个测试基于瑞士心理学家荣格提出的"集体潜意识"理论，这一理论将人格分为 12 种原型：天真者、孤儿、照顾者、爱人者、战士、统治者、反叛者、魔术师、创造者、追寻者、愚者和智者。网易新闻的 H5 通过 6 道简单的测试题，让用户答完题后就能获得一份属于自己的"人格分析报告"海报。比如一位用户拿到的"报告"显示他的外在人格是"创造者"，具有勇气、革新、天赋这三个关键词，除了外在人格还有内在人格，比如"孤儿"，就具有内敛、执着、蜕变这三个关键词。同时海报上还会有关于用户"人格"特征的描述文案，比如"天真者"人格的描述文案为："你善良纯洁而有力量，你内心干净透明，信奉世间美好，你才智过人，但你仍保有赤子之心。"值得注意的是，H5 所展现的 12 种人格和 36 种关键词都是正面词汇，因此这样的一份"人格分析报告"其实能帮助用户展示自己性情中美好的一面，从而引发用户分享和展示的欲望。

用户心理的变化，要求创作者在做用户洞察时装上一个"情绪显微镜"，从用户微小的举动中发现背后的情绪，并用有趣的方式进行表达。在新媒体时代，用户情绪的颗粒度可以很小，不仅是愤怒、悲痛、感动这样宏大、剧烈的情绪可以打动他们，更多时候，抓住用户一些微小的情愫，更容易俘获他们的内心。

瑞典音乐平台 Spotify 就曾经捕捉到用户的微情绪，并在美国、英国、丹麦等街头的巨幅广告牌上，写下了这样的文案：

> 在情人节播放了 42 遍《对不起》的用户，你到底做了什么？

> 致 1235 位喜欢了"闺密之夜"歌单的兄弟们：我们爱你。

> 致 NoLita 的那位从 6 月就开始听圣诞歌曲的朋友——你真的是"jingle all the way"对吧？

> 3749 个在英国脱欧日播放《我们知道今天是世界末日》的用户，坚持住啊。

Spotify 的文案诙谐中带着感性，展现出对用户细微行为和情绪的关注，并且加入了大数据这味佐料，让内容既有情怀又令人信服。

策略四：将创作权"外包"，提升参与感

社交媒体的出现，培养了用户乐于表达、乐于创作的心理。许多广为传播的内容，都并非内容创作者的"独角戏"，而是容纳了许多来自用户的 UGC 内容产出。越来越多的品牌主和创作者，开始把创作权"外包"给用户以提升他们的参与感和内容的自传播度。

比如 2016 年已经 75 岁"高龄"的美国巧克力豆品牌 M&M's

就曾经把巧克力豆常规口味的决定权交给用户。M&M's 发起了一场投票，消费者可以在蜂蜜坚果、咖啡坚果和辣坚果的花生巧克力豆中选出自己喜欢、希望成为常规口味的一个口味，根据用户的投票数据，咖啡坚果巧克力豆胜出，成为 M&M's 的常规口味。其实这三款口味的巧克力豆在测试阶段，最受欢迎的就是咖啡坚果巧克力豆，M&M's 在某种程度上只是顺水推舟，在这个投票活动中给予用户表达自己喜好的机会，极大地增强了用户的参与感，也提升了用户与产品的关联度。

无独有偶，西班牙汉堡王近期在 Instagram 上发起了一项调查，它们通过 9 支短片，让用户选择自己青睐的口味，如汉堡中要加几片肉、几片生菜、酱汁选哪种口味等。完成调查后，用户可以获得优惠券，在规定的时间内可到门店兑换票选出的定制汉堡，在几小时内，这场活动的参与用户就超过 4.5 万人，并产生了 27 万次互动。

策略五：告别程式化，制造 Wow Moment

Wow Moment（哇哦时刻）是指用户惊喜并发出感叹的时刻。菲利普·科特勒认为，在信息过载、注意力稀缺的时代，营销必须为用户创造意外和惊喜。

有三个因素可以制造 Wow Moment：

· 要让人惊讶，当某人有一定期望值，而结果超出这个值时，他就会发出惊叹；

· Wow Moment 是个人化的，只有通过个人的体验才能触发，个人深藏的需求一旦得到满足也会引发 Wow Moment；

·Wow Moment 是有传播性的，经历了 Wow Moment 的人会自主向他人传播这一信息。

在信息过载的新媒体时代，制造 Wow Moment 显得更加有意义。在泰国视频广告《忠犬 Rocky 的爱情故事》中，以宠物狗 Rocky 的第一人称视角，讲述了它与自己的女朋友，也就是女主人潘之间的日常，比如守在家门口等待女主人下班、和女主人一起整理书橱、帮女主人暖床。直到有一天，女主人带真正的男友回家了，男友对 Rocky 并不友好，甚至有些针锋相对。Rocky 会在女主人和男友看电视时摁下遥控器切换频道，而男友也会故意撕坏自己的裤子嫁祸给 Rocky……如此几轮的角逐后，Rocky 成功"打败"了男友，重新独占了女主人的宠爱，然而，视频在这里话锋一转，指出 Rocky 又到了一个尴尬时期——掉毛季。女主人为了清理 Rocky 掉落的狗毛苦不堪言，男友又重占上风，遭到女主人嫌弃的 Rocky 决定离开。女主人开始怀念 Rocky，一阵子之后，Rocky 回来了，还为女主人带来了万杰灵静电除尘纸，这下终于消解掉了和女主人之间的矛盾，重新变成女主人宠爱的宝宝。这样的内容能让用户在一波三折的剧情推进中不断获得惊喜，也容易刺激用户的转发与分享。

第3章

新媒体写作的新思维

3.1 创作者的"五维角色"

新媒体时代,媒介渠道错综复杂,用户的喜好瞬息万变,现实对创作者们提出了更高的要求。创作者不能是一枚只会生产文字的孤零零的螺丝钉,而是需要有"一个人就是一个团队"的综合素质。

从前,我们像匠人那样拿着显微镜雕琢文字,现在,我们还要拿起望远镜观察媒介渠道的流向,拿起听诊器倾听用户的心跳。我们需要踏遍传播的上游和下游,调研每一个环节的运作方式,并在脑海中形成完整的传播地图。除了写字,我们要做用户洞察,要会搭配媒介组合,要懂产品、会运营,要会看传播数据……创作者的角色会越来越多元和复杂,这是我们不得不面对和适应的未来。毕竟,唯有打破边界,才能看到更多崭新的景色。

那么,一个优秀的创作者,还需要身兼哪些角色,才能从容应对新媒体时代的挑战呢?总结起来,新媒体时代的创作者应该扮演好以下"五维角色"。

第一维角色:创作者

无论如何,创作者是我们的基本面,我们的"人格底色"。文字是绕不开的基本功,创作欲是少不了的能量源头。能认真、有技巧、有创意地写文案、写稿件,拥有流畅而有逻辑的书面表达能力,其实并不简单,也并非每一个懂中文的人都具备。就像《文案基本功》一书中写的那样:

> 和木工活一样，文案创作也是一门技术活，但它又不止于技术。匠人和商人的区别是，匠人身负精湛手艺，能生产出有价值的作品，而商人却拥有创意与洞察力，能让有价值的作品同时具有商业价值。

终身研习写作的技巧与创意，保持对文字的敏感与热情，是创作者需要遵守的原则。要懂得什么时候说、说什么、对谁说、用什么方式和技巧说，要说得妥帖，说得严丝合缝，说得有收益，都需要稠密的脑力和深厚的功力。要实现以上这一切，最离不开的就是文字的基本功。你的词汇量有多大、写下的文字是否有画面感、是否会讲故事、会不会写金句、写出的文章能不能"带货"，这一切都是判断你文字基本功的要素。所有听上去抽象、玄妙的法则、道理和套路，都要沉淀在每一次刻意练习、每一次认真而有创意的写作中，从中自己领悟到的感触和经验，才是提升写作基本功最有用的法宝。

第二维角色：产品经理

产品经理并不是人人都能担任的，他们是存在于用户与产品、技术与商业之间的重要枢纽。他们需要周旋在思维导图、需求文档、代码及心理学、行为学、营销学专业词汇之间，并将它们融会贯通，帮助产品摆脱千篇一律的平庸面貌，从不痛不痒变得撩动人心。创作者与产品经理之间最大的一个共同点，那就是他们都是某一个作品或产品从 0 到 1 的孵化者，不同的是，产品经理需要协调和处理的环节更多、更烦琐。

新媒体时代的创作者，对待自己的文字和作品，要像一个产品经理对待自己的产品那样，更加理智、更加开放。创作者要像产品经理那样收集和分析用户需求，对用户想要看到什么样的内容了如指掌；还要像产品经理那样输出方案，制订明确的写作目标，梳理完整的写作大纲；接下来，创作者就需要像产品经理那样协调开发、测试、设计等，完成创作内容，将内容交由小部分读者试读并提供反馈，并精心设计内容的排版与样式；内容"上线"后，创作者还需要像产品经理那样收集用户反馈，通过文章阅读量、视频播放量、标题点击率、用户点赞、转发、评论等多维度指标，进行复盘与总结，并运用到产品后续的打磨与优化中。

第三维角色：运营人

运营是一项非常考验细节管理能力的工作，文章标题应该怎么写，引导关注的图标应该是什么颜色，线上活动的奖品金额等级应该怎么设计才最能吸引用户参与，一篇公众号推文应该在早上 8 点还是中午 12 点发布……如此种种，都是一个优秀的运营人必须了解的。有时候，一些细微的调整和优化，就可能会带来点击率、转发率的极大提升。这就是运营的重要所在。

目前，行业已达成共识，那就是互联网流量红利期已经终结，这意味着即使是非常优质的内容，也很难仅仅凭借内容自身获得较好的曝光。

这就需要创作者同时身兼运营人的角色，不仅要将内容生产出来，还要将内容推荐出去，并让内容黏住用户。在优质的内容之外，利用运营手段给用户提供一些激励机制，如活动福利等，在长期、精巧的运营之下，建立与用户之间的连接，提升用户对内容的参与感，这就是运营能给创作者带来的收益。

第四维角色：增长黑客

增长黑客是发源于硅谷的一个名词，由 Qualaroo 的创始人兼首席执行官肖恩·埃利斯（Sean Ellis）于 2010 年提出，是指用最低成本、最快时间实现用户大规模增长的互联网业内人士。区别于传统高投入的广告方式，增长黑客更多地由数据驱动，通过产品策略、技术化手段和用户洞察来获取用户，对于那些缺乏财力与资源的初创型企业而言，增长黑客提供了一种低成本甚至是零成本的营销新思路，获得了大量创业公司的追捧。

增长黑客本身就像一个"多面体"，他们身上兼有广告人、技术极客、产品经理和运营人的角色，但最重要的，还是他们所拥有的"增长思维"。这是一种数据化、精细化和快速迭代的思维方式，与传统粗放的豪掷千金的营销投放形成鲜明区别。

以 Meta 为例，它曾经推出过一个带有用户个人基本资料的博客小挂件，用户可以将其贴到自己的主页或博客上，向外界展示自己。就是这样一个看似不起眼的小功能，每月却给 Meta（当时的 Facebook）带来了数十亿次展示量和百万级的注册量。这个小挂件的推出就是典型的"增长思维"的体现，它步步为营，首先洞察到了用户可以利用小挂件展示自己和吸引更多好友互动的心理动机，这是增长团队对平台海量用户的行为数据进行研究后得出的推测，随后团队利用并不复杂的技术手段研发出了这个功能，成功地实现了用户的增长。

创作者也应该具有增长思维，不去凭空或是以自己的经验去揣测用户的喜好，而是多通过切实可行的数据来做出分析和判断，即使没有 Meta 那样的大数据，仍可以参考社交媒体的"热搜""热榜"及用户的热门评论推测风向。此外，创作者亦需要通过内容不断增长自己的读者或粉丝，或者通过内容为所服务的企业带来流量，而不仅仅局限于创作文字这一个单一的环节。

第五维角色：UI 设计师

看到这里，或许有人会觉得，跨界的幅度是否有些过大了？但新媒体时代确确实实是一个视觉化的时代，用户的眼睛已经被缭乱的视频惯坏了，四平八稳的白纸黑字很难满足他们的视觉需求了。

写作人要兼具 UI 设计师的角色，其实主要是需要学习他们的三种职业能力。

首先，是视觉审美能力，这无关艺术，但内容的字体、排版风格都需要符合美的标准。以微信公众号的排版为例，字号到底是 14 号合适还是 16 号合适，字间距到底是 1.0mm 合适还是 1.7mm 合适，都是需要考量的。这不仅仅是为了美感，更是为了让用户阅读起来更省力、更高效。

对于不同的目标用户群体，也需要做不同的考虑，比如当账号的粉丝群体主要是年轻人时，那么他们可能偏好更小的字体、极简风格的排版；如果粉丝群体主要是中老年群体，那么稍大一些的字号在视觉上会对他们更友好，用鲜艳的颜色突出重点也能帮助他们更好地理解内容。在符合基本的审美原则的基础上，不同内容的风格主要由用户群体的喜好与习惯来决定。

除了视觉审美能力，对交互的理解也是创作者需要从 UI 设计师身上学习的一项能力。什么样的配图更能吸引用户的点击？在头条号等自媒体平台上，头图用单图模式的点击率更高，还是用三图模式的点击率更高？引导关注的文案是写在文章顶部更有效，还是写在文章底部更有效？这些问题的答案都有赖于我们对用户行为的分析，许多时候它们与用户的个人喜好无关，而是取决于人们的交互习惯。

接下来，我将用更为详尽的内容，提炼出新媒体创作者"五维角色"中产品经理、运营人、增长黑客的角色带给我们的方法论及实战技巧方面的启发。

3.2 用产品思维写作

任何一个作品，无论是一则文案、一篇文章、一篇推送、一支视频还是一场直播，想要在新媒体时代取得理想的传播效果，都需要被视为一个产品，用产品思维进行全盘的策划与打磨。产品经理身上，到底有哪些行之有效的工作思维和方法值得创作者汲取化用呢？总结起来有 5 个原则，它们分别是：共情原则、MVP 原则、KISS 原则、彩蛋原则和心智树原则。

1. 共情原则：远离"知识的诅咒"

共情，也就是有同理心，指的是通过心理上的换位，设身处地地对他人的感受和情绪进行感知和觉察。共情原则是产品经理在工作中需要遵循的基本原则，在专业性的工作中，需要将专家思维切换为用户思维，站在用户的角度考虑问题，洞察用户的需求和痛点。

用一个小故事来阐释什么是共情：有一个人不小心掉进一个枯井里，他在井底呼救："救命，我被困住了，这里好黑，快救我出去！"共情会让我们听见呼救后爬下井底，对那个人说："我知道你现在的处境了，你并不孤单，我会想办法救你出去。"而同情则是让我们站在井口低头向井内说："天哪，这真是太糟了，需要我给你拿个三明治吗？"

可以看出，共情与同情最大的不同，就是它的立场并不是隔岸旁观，而是设身处地。无论是产品经理还是创作者，在长时间地从事专业工作后，就会不可避免地陷入"知识的诅咒"（Curse of Knowledge）。知识的诅咒是指，当人们对某个对象很熟悉时，就很难想象在不了解这一对象的人眼中，这个对象会是什么样子，人们就像被自己所掌握的知识"诅咒"了一样。

可口可乐公司曾在2014年推出过一组多功能瓶盖套组，让使用后的塑料可乐瓶可以"变身"喷壶、哑铃、铅笔刀、涂鸦笔，甚至是小朋友爱玩的水枪，如图3-1所示。这一产品功能上的创意，就洞察到用户对废弃塑料瓶再利用的真实需求，让他们得以更方便轻松地将可口可乐瓶改造成他们需要的样子，因为即使是在可口可乐推出这一组限量瓶盖套组之前，许多用户也在对使用过的各类塑料瓶进行再利用。可口可乐的这一次营销活动，就充分应用了共情原则，在产品上做一个小小的改动，就让用户对这一品牌的好感度倍增。

图 3-1　可口可乐的多功能瓶盖套组

坚持共情原则，对于创作者而言，可以有效地避免知识的诅咒，从用户的角度出发，避开艰涩难懂的专业词汇，避开那些无法吸引用户注意力的角度，写出真正为用户所接受和喜爱的内容。

2. MVP 原则：五是一个神奇的数字

MVP（Minimum Viable Product）是美国作家埃里克·莱斯在其著作《精益创业：新创企业的成长思维》中提出的概念，即"最小化可行产品"。它是一种产品理论，也是一种快速试错、快速迭代的思维，具体是指开发团队通过最小化可行的产品，先获取一定的用户反馈，并对最小化可行产品进行快速迭代，直到产品达到一个较为稳定的阶段。

看过电影《社交媒体》的人都知道，扎克伯格最初研发出的

Facebook①的第一个版本仅支持男女彼此投票，获得了用户反馈后，才加入了照片评选、个人主页、分享传播等功能。Facebook这一平台其实就是根据MVP原则进行产品开发的，它先推出了一个最简易的版本，然后根据用户反馈迭代而成，有了小范围内的成功验证，一经推出后就受到网民的喜爱，以病毒般的速度快速扩散起来。

其实在内容创作领域，MVP原则也一直在起作用。微信公众号就可以视作一个最小化可行版的"杂志"。对于内容创作本身来说，创作者通常会经历"选题策划—提纲撰写—正文撰写—文章发布"等既定环节，如果在创作中引入MVP思维，那么创作者在确定了选题范围之后，就可以进入初步的用户反馈验证环节。我们可以将几个备选的选题发送给小部分的目标用户，或者是对内容具有一定敏感度的同事、朋友，让他们从中选出感兴趣的选题，然后再进行下一步的操作。

许多创作者也许会困惑，到底该将内容发给多少人进行反馈，才能取得更好的效果呢？用户研究专家雅各布·尼尔森也曾思考过这个问题，他的主要工作是研究如何设计出人们易使用的网站，为此他曾经观察过对成千上万名用户的采访，他还观察了在10次、20次的采访后，用户能发现多少个产品问题，结论是：85%的问题在仅仅采访5个人后就被发现了。因此，给更多的人进行测试和反馈并不能带来更精准的答案，在同一个研究中，参与人

---

① 现已更名为Mate。

数超过5人，一般来说额外收获的边际效应就会递减了。与其投入更多时间去发掘剩余的15%的问题，还不如先将85%的问题进行修改后再做一轮测试。

对创作者而言也是同理。在创作流程中，如选题策划阶段，我们通常只需要将备选的选题发给5个人，就能得到相对靠谱的选择，然后按照MVP原则进行快速迭代。在创作标题时，这个方法也同样适用，可以用自己的专业经验加上5人投票团的选择作为选择最终标题的依据。

3. KISS原则：简单、愚蠢就是美

KISS（Keep it Simple and Stupid）原则也是产品设计领域常用的一种理论，它是指将产品设计得越简单、越傻瓜化越好。无论是一个网页、一个系统、一个App都需要将它们设计得更简单、更便于操作，设计者需要想尽一切办法降低用户的使用门槛。越简洁、简单，就越容易开发、容易维护，也易于用户操作，获得市场成功的概率也就越大。

小米在其网页设计中，就运用了极简主义的原则，如图3-2所示，只保留必要的元素，因为屏幕上的元素越少，用户对剩余元素的关注度就会越高，信息传达的效率也就更高。在页面中，"负空间"——也就是留白——所占的比例也较大，因为某个元素周围的负空间越大，该元素被用户关注的可能性也就越大。此外，扁平化设计因为省去了阴影、斜度等立体化元素，也显得更加简洁，页面颜色种类较少、对比鲜明、文字简洁等特征，都有效地遵循了"KISS原则"，提升了网页的可操作性。

图 3-2　小米的页面设计

KISS 原则在写作领域也同样适用，想让自己的信息被更多的用户接收和记忆，它就必须足够简单和清晰。

让文字尽可能地满足 KISS 原则，通常有两种方式：一是简短，二是直接。就像网页设计一样，我们需要让用户只看到最精练的文字部分，避免受到冗余信息的干扰，这考验着创作者的"裁剪"功力。而"直接"则需要创作者发挥具象化思维能力，比如同样形容汉堡销量好，"销量巨大"就不如"每年被吃掉 3.5 亿个"更直接，总体来说，具体的数据、案例就比抽象的概念更直接。

4. 彩蛋原则：制造 Wow Moment

彩蛋最初源于西方复活节的找彩蛋游戏。在电影领域，彩蛋是指那些被埋藏在影片中或影片结尾，不仔细寻找就容易忽略的有趣细节。在电影中埋入几枚彩蛋，目的是提升观影趣味，同时也能起到增加隐藏剧情、向某种文化致敬、剧情解密、为续集埋下伏笔等作用。游戏中的彩蛋设计，也能给玩家带来更多惊喜。

在互联网产品设计领域，"彩蛋"也成为提升产品人文情怀、增加与用户趣味互动的有效手段。比如，当我们在微信对话框中发送"生日快乐"四个字时，屏幕上方就会缓缓降落一堆生日蛋糕的 emoji 表情；又比如，当我们用百度搜索引擎搜索"黑洞"这个词时，浏览页面就会出现一个逐渐扩大的黑洞图形，如图 3-3 所示。这些埋藏在产品中的彩蛋，通常以用户的某种行为作为触发机制，通过互动的设计，给用户带来惊喜，也让产品变得更加有温度。

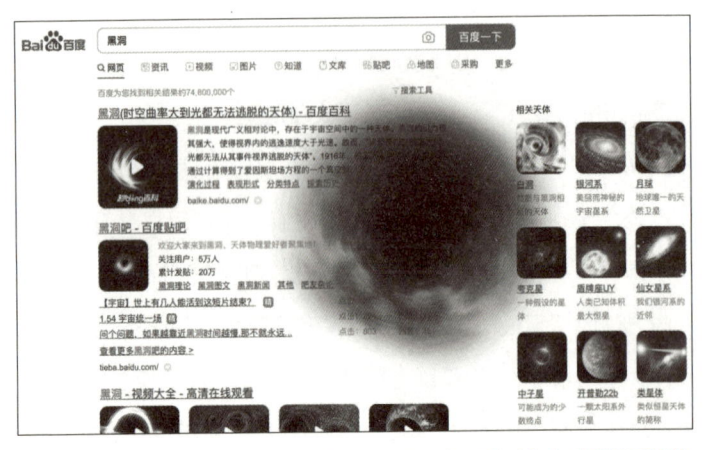

图 3-3 当用百度搜索引擎搜索"黑洞"时，页面会出现黑洞图形

其实，彩蛋的本质就是为用户制造 Wow Moment。在内容创作领域，彩蛋通常以一则内容、一篇文章中一个反转结尾的形式出现，又称为"神转折"，在许多段子的创作中都会使用这一手法。比如"妻子说我应该表现得像个成年人，我无言以对，毕竟嘴里有 45 颗小熊软糖是很难说话的""在飞机上我要求换座位，因为旁边有个熊孩子一直在哭，但别人不同意，因为孩子是我

的"，诸如此类的内容，往往能带给用户彩蛋般的惊喜，引发用户主动传播的概率也会更高。

5. 心智树原则：建立逻辑

心智树，又称思维导图、脑图、心智地图，是产品经理在日常工作中经常使用的一种图形化工具。它体现为一种树形结构，从一个根主题流向一个个子主题，可以有效地帮助使用者组织思想、建立逻辑、管理记忆。思维导图还能帮助使用者建立起知识图式，把大脑中较为孤立、零散的信息、知识串联起来，对于我们储存知识和提取知识都大有裨益。

在创作者的心中，也需要有一棵这样长满钩子、上面挂满各种写作元素的心智树。比如，当我们创作一篇文章时，在下笔之前可以试着画出一棵心智树：文章的主题（通常体现为标题）就是这棵心智树的"树根"，而文章的几个小标题则是心智树的几组枝丫，每一个小标题之下的内容（相关数据、故事、论据等），则又是枝丫上长出的几片"树叶"，如此一来，整篇文章的内容就构成了一棵逻辑严密、内容丰富的心智树，它可以有效地帮助我们在下笔之前理清思路、组织内容，让撰写文章的过程变得更从容且流畅。

3.3 用流量思维写作

流量，是经常出现在新媒体创作者眼前的一个关键词。内容能否带来流量、能否带来粉丝，甚至已经成为大部分时候判断内容好坏的标准，而"涨粉"也早成为新媒体运营人员必须面对的KPI之一。写作这项原本很难被量化标准所评判的工作，忽然间有了许多可以衡量它的指标，文章阅读量、点赞量、评论量、标题点击率、文章转发率等，都是新媒体创作者不得不面临的考验。这一切，都要求我们在写作的时候具备流量思维，把流量作为一把标尺，时时校准我们的写作路径。

当前，创作者与运营人的边界正在变得模糊，创作者不仅要负责产出内容，也要对内容的推广和效果负责，要学会拉新、引流和转化的手段，做好用户关系的维系。

随着流量红利期的结束，想要获取流量变得越来越难，这更要求人们对流量进行精耕细作，运用各种巧思获得用户的关注。以运营的对象为划分依据，运营可以分为四种类型：内容运营、用户运营、产品运营和活动运营。不同类型的运营工作都包含大量细节性的技巧。那么，创作者能从运营人身上学到哪些有效的思维呢？总结起来有三类：UGC思维、裂变思维和杠杆思维。

1.UGC思维：黏性与流量可以兼得

UGC（User Generated Content）即用户原创内容，对于运营而言，这是一种能有效提升用户活跃度与黏性的方法。在本书第2章中提到过，社交媒体的出现已经培养了当代用户乐于表达、乐于创作的心理与习惯，许多深受用户欢迎的产品或内容，都并非产品或内容产出者的"独角戏"，而是容纳了许多优质、多元的用户UGC。国内女性社区小红书、问答平台"知乎"就属于这类典型产品。UGC不仅能为平台创造内容，也能带来高黏度的流量。

在创作 UGC 的过程中，用户不再仅是被动的内容接收者，也是主动的内容创作者，运营人需要充分调动 UGC 的能量，或采用各种运营机制鼓励用户分享内容，或对用户生产的优质内容进行二次加工，确保 UGC 创作能长期、健康地形成良性循环。比如，小红书就会根据日常的节日、热点等推出相关主题的线上话题活动，如"七夕攻略""和小龙虾一起看世界杯""vlog 记录一座城"等。豆瓣也会针对其产品和用户的特点，推出线上热门话题，如"你洗澡时的脑内剧场""假如我有一家茶馆""你个性中矛盾的地方"等，吸引用户在话题广场晒照片、晒经历、分享感悟，提升用户的活跃度。部分热门话题如图 3-4 所示。

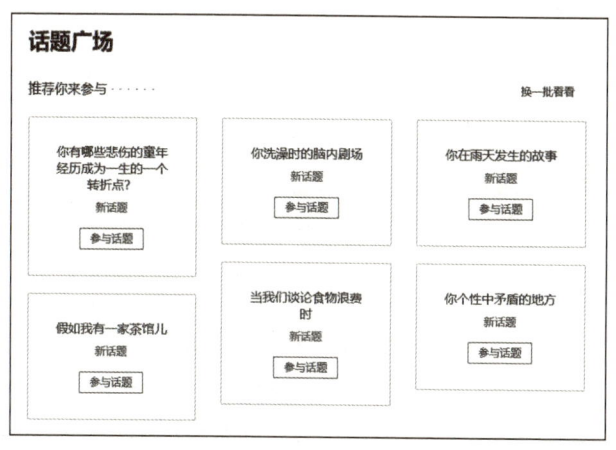

图 3-4 豆瓣话题广场上的部分热门话题

对于创作者而言，在传统的写作思路里，读者或用户不过是一群静静地等待内容"投喂"的人群，他们只能被动地接收信息和内容，但是在 UGC 思路里，用户是富有创造力的，他们创作的内容可以打破创作者个人的眼界和经验，提供更加广阔多元的视角，贡献充满细节的鲜活故事。

拥有 UGC 运营思维的作者，往往能以更低的成本获得更海量的内容，得到丰富多元的写作素材，从而使内容生产的效率得到较大的提升，通过 UGC 获得的内容可谓"取之于民，用之于民"，往往也更能引起用户的共鸣，获得用户主动传播的概率也更大。

在各大社交媒体平台兴起的"bot"类账号就是 UGC 大放光彩的一个例子。"bot"是"robot"（机器人）的缩写，它们本质上并不是人工智能机器人，而是可以看作一个个不带账号运营人主观色彩的公开发布渠道，用户可以向各类 bot 投稿相关主题的内容，由 bot 放出。比如微博上拥有数百万粉丝的"天秀 bot""宇宙搞笑 bot""冷知识 bot"等，就会向用户征集投稿内容，通过账号运营者的筛选发布相关主题内容。

2. 裂变思维：用流量撬动流量

"裂变"是近年来在营销推广领域很流行的一个词语。和传统的营销手段相比，"裂变"强调用低成本获取用户，通常会利用创意和一定的福利机制，通过老用户的"分享"行为得到新用户。从本质上来看，裂变就是一种用流量撬动流量的机制，常见的落地方法有拼团优惠、好友砍价、邀请返利、分销等模式。

二手书买卖平台"多抓鱼"为了获取新用户，也在 App 页面中长期设置有"邀请新用户，得买书券"的活动（如图 3-5 所示），这个活动对老用户和新用户均设有福利机制，老用户分享后可以获得 20 元的买书抵扣券，新用户通过老用户的邀请链接或二维码领取买书券并成功下单后，也能获得 15 元的新人买书抵扣券。通过这样门槛稍高的分享机制，多抓鱼能够以较低的成本获取精准、高转化率的用户群体。

图 3-5　多抓鱼的"邀请新用户，得买书券"活动

对于创作者而言，我们可能无法在文章中埋入福利供读者获取，但是"裂变"思维是值得学习的。因为在新媒体传播环境下，用户的"转发"这一分享行为对内容的传播是至关重要的。用户的转发，也是促成"10 万+"爆款文章不可或缺的因素。对于内容而言，引起"裂变"的可能是一个有新意、跟热点的选题，或是一个能激发用户转发欲的标题，又或者是一篇富有信息增量的

内容。无论满足哪一个条件，内容只有触发了用户的转发心理，才有机会获得更广的传播，带来更多流量。

3. 杠杆思维：寻找撬动用户的支点

杠杆思维本质就是指以较小的成本去撬动较多的流量和资源，这是运营人的一种重要思维，往往能起到四两拨千斤的作用。通常来说，能作为杠杆支点的要素有两类：一类是内容，一类是激励。有创意、能引发用户主动转发的内容，往往能降低用户的心理防御，从而开启更多触达新用户的机会。而设计合理的激励机制，则能利用用户厌恶损失的心理，刺激他们配合运营人员"完成任务"。

2015年，一张名为"裙子是蓝黑色还是白金色"的图片风靡互联网（如图3-6所示），这张图片出自擅长打造病毒式传播的美国新闻聚合平台BuzzFeed之手，在不同的用户眼中，裙子会呈现出蓝黑和白金两种颜色，因此引发争执和热议，在BuzzFeed上获得2500万次点击并迅速蔓延至其他媒体平台。曾经同样在网络上疯传的"灾难中的女孩"（Disaster Girl）一图（如图3-7所示）也出自BuzzFeed，画面中一名小女孩在一栋被焚毁的屋子前，望着镜头露出神秘微笑。BuzzFeed的工作人员将小女孩的照片通过抠图放进了多个坠机、沉船、爆炸等犯罪现场中，"毫无违和感"的合成照片得到了用户的积极传播。

图 3-6 "裙子是蓝黑色还是白金色"

图 3-7 灾难中的女孩

BuzzFeed 拥有数百人的运营团队，他们每天会产出数百份诸如"裙子是蓝黑色还是白金色"的内容，其运营的重要策略就是关注值得分享的内容，通过内容去撬动用户的自传播，从而带来数据的增长。除了制造内容，BuzzFeed 还会通过一项名为 POUND 的技术跟踪内容在社交媒体上被分享的数据，分析内容传播的方式和路径，并利用数据的反馈对内容进行优化。内容和技术的深度融合，也成为 BuzzFeed 打造病毒式增长的一只密钥。对于内容，BuzzFeed 总结出了一组"分享黄金法则"，对新媒体时代的创作者也很有参考意义：

- 不耍小聪明，用户不喜欢被玩弄
- 做自己，内容更应该展现自己的特点
- 比起用户，你应更愿意分享自己的内容
- 不断地试验，找到更优质的内容

除了内容，巧妙的激励机制也是运营人员离不开的手段。内容资讯 App 趣头条迅速崛起，就离不开其设计的一系列以送福利（金币、现金）为核心的产品运营机制。当用户注册了趣头条账户后，可以通过阅读资讯、每日签到、做任务、参与分享等方式获取"金币"，金币可以按照一定的比例兑换为人民币，趣头条通过这样的方式提升了用户黏性与活跃度。

此外，趣头条还推出了"收徒机制"，提升老用户分享的积极性。只要老用户的好友通过他们分享的链接或二维码注册趣头条，老用户就可以获得一定的现金激励，通常是 6~10 元人民币不等。同时，老用户的好友产生的有效阅读也会转化成一定的"金币"提供给他们。比如老用户的好友通过阅读新闻获得了 10 个金币的收益，那么老用户就可以获得 20 个金币的收益。在这样的激励机制之下，趣头条相当于将用户广告投放的预算用于直接补贴用户，让用户的阅读和分享意愿得到大大提升。

3.4 用增长思维写作

数字化时代，海量的数据就像是一笔宝贵的馈赠，前提是懂得分析和利用它们。增长黑客就是一群对数据高度敏感，拥有数据驱动的实验精神，能在纷繁复杂的海量数据中抽丝剥茧的专业人士。比起消耗昂贵预算的营销投放，增长黑客更多时候是用较低成本的创意与技术手段使产品用户量获得增长的。

以电子邮箱品牌 Hotmail 为例，这款产品在刚推出时不温不火，而产品本身也很难通过传统的营销投放手段获取精准用户。最终 Hotmail 利用电子邮箱产品天然的社交属性作为突破口，在每一封用户邮件末尾的签名处都附加了一句："PS:I love you.Get your free E-mail at Hotmail."（我爱你，快来 Hotmail 申请你的免费邮箱。）就是这新增的一句文案，让产品的用户增长曲线发生了明显的改变，Hotmail 开始以每日 3000 个新用户的速度增长，6 个月后，Hotmail 已经成功积累了 100 万用户，一年半后，Hotmail 的全球用户量达到了 1200 万。

从 Hotmail 的用户增长案例中可以看出，正是巧妙地撬动了用户的社交资源，在产品上做出一个看似不起眼的改动，才让 Hotmail 用户量实现滚雪球般的快速增长。这种在产品、用户甚至技术本身上挖掘潜力的做法，正是增长黑客获得高投入产出比回报的核心策略。

增长黑客的日常工作会覆盖搜索引擎优化、病毒营销、页面优化、E-mail 召回等，触达率、转化率等指标是他们重点关注的对象。以增长思维为代表的 Meta 曾经在 2009 年进行过一次改版[①]，改版后的新页面对主页、个人页面和好友动态页面都进行了修改，从视觉效果上来看，改版后的页面非常漂亮美观，然而造成的结果却是用户在线时长减少、广告收入下降。原因是这次改版并没有增加新功能，而是取消或隐藏了一些用户早就用惯的功能，比如日程安排等，让新版的用户使用体验变得糟糕，最终 Meta 不得不恢复旧版本。现在 Meta 严格遵循数据导向思维，产品的任何改动都要以数据反馈为依据，一旦数据反馈不符合预期，功能就不能上线。

对创作者而言，拥有增长思维意味着可以获取更多的读者和粉丝，也就是能让内容更具"涨粉"和"带货"属性。新媒体时代的创作者也需要拥有增长黑客那样的数据导向思维，用冷静的眼光审视、优化自己产出的内容。AARRR 模型、A/B 测试是创作者值得向增长黑客学习的常用工作方法。

1. AARRR 模型：转化漏斗思维

AARRR 模型是增长黑客经常使用的一个模型，模型中的 5 个字母分别对应着产品生命周期中的 5 个重要阶段：获取用户（Acquisition）、促进活跃（Activation）、提高留存（Retention）、获取收入（Revenue）、传播分享（Referral）。

AARRR 模型呈现出漏斗的形状（如图 3-8 所示），正常而言，从漏斗的顶部开始，每一个环节都会产生用户的流失，而增长黑

---

① 当时名为 Facebook。

客的任务就是尽可能地阻止用户流失，最终确保产品的商业价值和品牌价值。

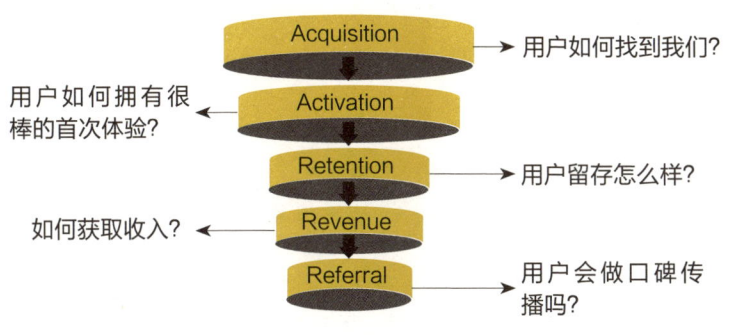

```
用户如何拥有很     Acquisition  → 用户如何找到我们？
棒的首次体验？ →  Activation
                   Retention    → 用户留存怎么样？
如何获取收入？ →   Revenue
                   Referral     → 用户会做口碑传
                                   播吗？
```

图 3-8　AARRR 转化漏斗模型

第一步：获取用户（Acquisition）

无论是一个产品、一篇推送还是一支视频，在诞生后要面临的第一个任务就是获取用户。所谓"冷启动"就是指产品从 0 到 1 获得第一批用户的过程。对产品而言，获得第一批核心用户是很关键的，第一批用户是否精准、是否活跃，会影响到 AARRR 模型后续的四个步骤。

投放广告、媒体报道、线下地推等都是获取用户的常用途径。比如国内问答社区知乎就借鉴了美国问答社区 Quora 的运营策略，利用邀请制积累了社区的种子用户。具体做法是通过创始团队成员及知乎早期投资方创新工场李开复的人脉圈，定向邀请用户入驻，由于首批用户的身份多是企业 CEO、媒体从业者或行业评论员，他们的共同特质是拥有优质内容的产出能力并且愿意分享和贡献内容，这一冷启动的方式，奠定了知乎社区用户和内容质量高的底色。同时，因为种子用户在各自领域均有一定影响力和粉丝量，这也让知乎可以凭借口碑传播的方式在短期内积累关注度和口碑。知乎在上线后的两年内通过邀请制积累了一批高质量用户，为产品打上了"专业"的烙印，一直到2013年才开放注册，到2016年已获得5000万注册用户。

第二步：促进活跃（Activation）

促进活跃是当产品有了一定用户积累后，调动用户积极性的必备动作，这也是挽回沉寂的、即将流失的用户的重要步骤。一般而言，唤醒一个"沉睡"的用户比获取一个新用户的成本低，效果也更好，因此促进活跃是增长黑客工作中的重要环节。

派发福利、发起趣味活动、填写问卷等方式都是常见的促活手段。总结起来可以分为三类：利益激励、引导互动和游戏化激励。利益激励包括赠送用户"金币"、积分或折扣券、代金券、减满券等。引导互动则是通过趣味化的线上活动邀请用户参与，比如前文提到过的豆瓣的热门话题，就通过多样化的线上活动，邀请用户贡献内容、晒出自己，从而促进活跃度的提升。而游戏化激励则是通过具有游戏属性的产品运营机制吸引用户参与，比如春节期间阿里巴巴旗下的支付宝发起的"集五福"活动，就是典型的通过游戏化激励促进用户活跃的运营手段。

第三步：提高留存（Retention）

提高留存即提升用户黏性，它是防止用户"来得快，走得也快"的必备手段，能有效延长产品的生命周期，也是将现有用户转化为长期、忠诚的老用户的重要阶段，这对产品实现其商业价值非常重要。

用户放弃一款产品的原因，可能是无法感受到产品价值、产品操作上遇到困难或者已经找到其他替代产品，为了让用户"留下来"，可以使用成瘾模型（The Hook Model）。成瘾模型分为4个阶段：触发（Trigger）、行动（Action）、奖励（Reward）和投入（Investment），如图 3-9 所示。

图 3-9　HOOK 模型的 4 个段

触发可以通过投放广告、发消息推送、热点借势等形式进行。行动即驱动用户的行为，这一阶段要求产品的易用度高，能满足他们使用产品的需求（产品功能、产品体验、响应速度等）。奖励大部分情况下是让用户上瘾的关键，产品需要提供各式各样的奖励机制，主要包括社交酬赏（收获好友、粉丝等）、自我酬赏（成就感、减压、心流体验等）、现实酬赏（现金、奖品等）等。投入指用户对产品的投入，包括用户的金钱、时间成本、情感的投入等。通过成瘾模型触发、行动、奖励、付出这 4 个阶段，可以让用户发现产品的价值，从"首次体验"到"重复使用"，从而让用户真正留存下来。

第四步：获取收入（Revenue）

获取收入是产品证明其商业价值的重要一步，也是让产品能够健康成长的不可或缺的步骤。互联网产品获取收入的形式主要有三种：广告、游戏和内容付费。比如今日头条就是为用户提供免费的资讯和内容，通过在信息流中推送广告获取收入的；而各类游戏产品则是通过让用户购买道具、皮肤等获取收入的；内容付费则通过内容直接变现，比如爱奇艺、优酷等视频网站的付费会员、"得到" App 的知识付费等。

第五步：传播分享（Referral）

在互联网时代，传播分享往往能给产品用户数量带来意想不到的增长，尤其是在社交媒体时代，利用社交链条的传播更容易产生"裂变"的效果。K 因子（K-factor），又称"病毒系数"，是衡量自传播效果的一个指标，它等于每个用户向其朋友们发出邀请的数量乘以被邀请人成为新用户的转化率。也就是说，当 K 因子大于 1 时，用户数量的增长就会像滚雪球一样不断增加，而当 K 因子小于 1 时，用户群就会停止自传播增长。

以公众号推文为例，如果一篇文章推送之后，K 因子大于 1，这篇文章的涨粉率就高，它成为爆文的概率就更大，也说明文章通过内容获得了用户的自传播。反之，文章的涨粉率就低，文章阅读量也很可能在一个较低的数字上停止增长。

2. A/B 测试：数据驱动思维

在今日头条的头条号平台上，当一名创作者准备发布一篇文章或一支视频时，他可以在系统后台输入两个不同的标题，这个功能叫作"双标题"功能。文章或视频发布后，创作者可以看到两个标题的点击率（阅读量/推荐量）、评论量、跳出率、平均阅读速度等维度的数据。如果 A 标题的点击率远远高于 B 标题，那说明 A 标题的写作模式更受读者欢迎，创作者今后也可以多采取这样的标题写作手法以提升内容的数据表现。

头条号的"双标题"功能，其实就是 A/B 测试（A/B Testing）思维在内容创作领域的应用。A/B 测试是指在产品设计或营销推广时，制作 A、B 两个版本或更多个版本，在同一时间让组成分相同或相似的人群进行使用或体验，并通过数据的反馈，判断和选择更优方案。

A/B 测试最初被应用在生物医学领域，也就是"双盲测试"，在测试中病人被分为两个组，在病人不知情的情况下分别让其服用不具备药性的安慰剂和真正的测试用药，经过一段时间后比较两组病人的表现是否具有显著差异，以此来判断测试用药是否真正的有效。

在产品的研发和优化过程中，A/B 测试是一种产品优化的方法，为同一个优化目标制订两个方案（比如两个页面），让一部分用户使用 A 方案，同时另一部分用户使用 B 方案，统计并对比不同方案的转化率、点击量、留存率等指标，以判断不同方案的优劣并进行决策。

A/B 测试在验证用户体验、市场推广等层面往往能起到有效作用，可以减少基于经验、个人主观意见等抽象判断标准引发的纷争，降低新产品的风险性，减少广告投放的浪费，提升效率。

A/B 测试的基本原则有三个：提供两个或以上的方案并行测试，不同方案之间只存在一个变量以排除其他干扰因素，以某种标准判定结果。

比如，在许多网站或 App 上都会设置引导用户注册的文案，文案到底怎么写，才能提升用户的注册率？是"立刻注册"好，还是"免费注册"更有吸引力呢？"立刻"会营造出紧迫感，而"免费"则更具现实激励性，在遇到这样难以抉择的情形时，A/B 测试就是一个终结困境的方法。

国内的今日头条也是一个爱用 A/B 测试、以数据思维驱动产品用户数量增长的公司，每发布一款新的 App 时，都会投放多个 App 待选名字放到各大应用商店中，经过 A/B 测试后最终选择下载率最高的一个名字，西瓜视频、抖音等知名 App 的名字都是经过 A/B 测试后诞生的。民宿短租平台 Airbnb 就曾经使用 A/B 测试改动其收藏功能，通过将"保存到心愿单"的收藏图标从星形改为爱心的形状，让心愿列表的使用率提升了 30%。Airbnb 是一家严格遵从 A/B 测试的公司，它所有的重要页面在调整时都必经 A/B 测试这一步骤，通常会将每一项产品的改动首先灰度发布给 1% 的用户，然后观察用户下单率、留存率、注册率等数据指标的变化，根据数据的反馈判断是上线新版本还是打回旧版本。

PART 2

理论篇

"理论",并不等于味同嚼蜡的教条和框架,也并非难以落地执行的空谈与理想。写作理论在文案创作者的学习和精进过程中,原本就像一把不可或缺的"尺子",可以用来帮助创作者校准创作路径,用更少的时间和精力成本创作出更好的作品。前提是,我们知道如何去理解理论和使用理论。

文案创作原本就不是一场任由思绪翻飞和灵感涌现的旅程,它需要我们恪守诸多原则,才能顺利抵达创作的目的地。在这一篇中,将为你呈现数种经典的写作理论,它们大多是经过验证并在文学创作、商业写作等领域已经得到推荐和使用的。在它们的指引下,文字会以更有逻辑的方式组合在一起,文章的结构会更清晰,信息的传递会更准确,并且更有趣。

第 4 章

写作的逻辑

为什么有的文章看上去辞藻华丽，读起来却不知所云？为什么有的文章铺陈了足够的观点和论据，却总让人抓不住重点？

文案创作者必须透过词语的皮肤，理顺内容的"骨骼"。逻辑，就是能将一堆信息支撑起来的"骨骼"，它能让信息依附在适当的位置，各司其职，从而帮助信息接收者更轻松地理解。

在这一章中，我们将重点关注写作的逻辑，利用实用的逻辑梳理方法去训练我们的思维，打磨我们的写作功力。我们需要知道，文字不仅可以是表达思考的素材和载体，也可以是用来思考的工具，每一次的文案创作都是一次梳理思路、提炼思考的历程，只有找到了正确的方法，才能越写越顺利，越写越清晰。

本章将从信息的解剖开始，一步步澄清文案创作者在信息表述中时常出现的错误，再通过金字塔原理、MECE技巧等实用方法，训练逻辑思维，帮助大家写出更有逻辑的文案。

4.1 说人话，让信息更易懂

"说人话"是在中文商业语境中出现频率颇高的一个词。从信息传递的角度来说，"说人话"意味着让信息更容易被人读懂。

1. 说人话的两个方法

如何才能让我们撰写的内容更易懂呢？有两个方法可以帮到我们：第一，在语法结构层面，需要使主语和谓语关系明确；第二，在文字表达层面，用词需要具体。

在语法结构层面，需要使主语和谓语关系明确

在日常的文字表达中，创作者常常会犯一些错误，使得语法结构不清晰甚至错误。常见的有主语和谓语的关系模糊、主语和谓语或主语和宾语之间隔得太远等问题。

比如"A 企业与 B 企业达成的独家合作向来为业界看好，而最近开始与其他公司展开合作，引发了不小争议"，这个句子就存在主语和谓语关系不明确的问题，"最近开始与其他公司展开合作"的，究竟是 A 企业还是 B 企业呢？从这个句子的表达来看，是相当模糊的，诸如此类主语和谓语关系不明确的句子，会让信息接收者感到费解。

导致信息模糊的另一种情况，就是主语和谓语之间相隔太远，而这一情形在中文语境下是很容易产生的。中文的语法奉行的是"左行原则"，即中文中对宾语的限定词通常是放在谓语和宾语之前也就是宾语左边的。而英文的语法则奉行"右行原则"，对谓语或宾语的限定词常常被后置。

比如，我们可以对比一下这样两个句子：

We shall not see space filled with weapons of mass destruction, but with instruments of knowledge and understanding.

我们不会看到遍布大规模杀伤性武器的太空，而是看到充满获取知识的工具的太空。

在这句英文的表达中，主语是"we"（我们），谓语是"see"（看到），宾语是"space"（太空），由于英文语法奉行"右行原则"，对宾语"space"（太空）的修饰语，也就是"filled with weapons of mass destruction""（filled）with instruments of knowledge and understanding"这样一长串的词组，整个是放在句子的末尾，也就是句子的右侧的，它们是被后置的。理论上而言，当信息接收者还没读完整个句子时，主谓宾的结构就已经清晰地呈现在眼前了。

我们再来看看与这句英文相对应的中文表达。"我们不会看到遍布大规模杀伤性武器的太空，而是看到充满获取知识的工具的太空"，在这个句子里，同样的，"我们"是主语，"看到"是谓语，"太空"是宾语，但是对宾语的修饰词"遍布大规模杀伤性武器的"却是放在宾语之前，也就是宾语的左侧的，同样，"充满获取知识的工具的"也放置在宾语的左侧的，为了让语句通顺，宾语出现了两次。

通过上面两个句子，可以发现中文"左行原则"和英文"右行原则"的区别，中文是一种更委婉的语言，而这样的特点往往会给信息的理解造成一定的障碍，如果在较长的句子中，主语和谓语或宾语相隔太远，对信息接收者来说理解成本会相对较高。

面对这样的情况，一般在英译汉时会采取一些技巧，在不改变原意的基础上，缩短主语和谓语或宾语之间的距离，降低信息理解的成本，比如将"我们不会看到遍布大规模杀伤性武器的太空，而是看到充满获取知识的工具的太空"改写为"我们不会看到太空遍布大规模杀伤性武器，而是充满了获取知识的工具"。

比如这样一句话：

> 业务部部长在前天的例会中，听到各业务据点报告的业务进度比预期好，以及各据点关于伦理提升所做的说明之后，感到非常满意。

改善方法：

> 在前天的例会中，听到各业务据点报告的业务进度比预期好，以及各据点所做的关于伦理提升的说明之后，业务部部长感到非常满意。

现在主语与谓语确实靠近了，不过主语出现前的前置文字居然有近50个字，念起来还是很累。

除了上述问题，在语法层面，如果不是在修辞方面有特殊需求，比如需要利用被动语态来起到强调语气的作用，则尽可能使用主动语态，让信息变得更明了。

在文字表达层面，用词需要具体

除了明确主语和谓语的关系，用词具体对于让信息变得更易懂也十分重要。用词具体的本质，在于减少信息接收者处理信息的成本，越抽象的表达，越需要信息接收者将它们自行消化，而具体的表达方式则可以让信息接收者能瞬间理解这则信息想要传递的含义。

用词具体对文案创作者而言是一种责任，我们在写作中要尽量杜绝圆滑又闪躲的抽象用语。比如以下两句文案：

A 文案

这台平衡车拥有出色的平衡性和灵活性。

B 文案

这台平衡车上有多个精密传感器，可以捕捉人体微小动作，以每秒 200 次的速度动态调整车身姿态以保持平衡。

A 文案就是典型的抽象型信息，"××性""××化""××力"这样的表达方式无法让信息接收者脑中产生具体的联想，而 B 文案的用词方式则相反，它利用"多个精密传感器""捕捉人体微小动作""以每秒 200 次的速度动态调整车身姿态"这些拥有细节和数据的文案，让用户可以在脑中形成生动具体的印象，真正理解这台平衡车的"平衡性"和"灵活性"。

又比如以下两句描述某款不粘锅产品性能的文案：

A 文案

这款不粘锅拥有优质的耐磨性和不粘性。

B 文案

> 这款不粘锅的表面在 1.5kg 受力条件下可耐 5 万次打磨不破损，可以连续煎 150 个无油鸡蛋依旧不粘。

A 文案中的"耐磨性"和"不粘性"这样的词汇，虽然已归纳不粘锅的性能维度，但是并不能让用户了解到这款不粘锅和其他不粘锅到底有什么区别。B 文案用"表面在 1.5kg 受力条件下可耐 5 万次打磨不破损"这样具体的文案阐述了这款不粘锅的"耐磨性"，用"可以连续煎 150 个无油鸡蛋依旧不粘"来阐释锅的"不粘性"。众所周知，鸡蛋是一种很容易粘锅的食材，更何况是在"无油"的前提下，不仅如此还能连续煎"150 个"，像这样具体的、富有场景感的文案，往往能让用户快速理解这款锅到底有多"不粘"。

用词具体能让信息更易懂，但在创作过程中也不能矫枉过正，因为在很多时候，化繁为简的抽象化技巧也同样重要。

太具体会导致琐碎，太抽象会导致模糊。在创作过程中，我们应该追求的是既有高度概括的抽象提炼，又有具体形象的阐述，先用抽象的概括提纲挈领，道出事物的本质，再用具体的描述让信息接收者脑中产生印象，这样一来就更容易清楚地传递信息。

2. 如何让信息更容易被传播

雷蒙德·洛伊是 20 世纪美国一位著名的工业设计师，可口可乐弧形瓶身、壳牌石油标志、灰狗巴士的设计都出自他之手，小到铅笔刀和面包机，大到火车、航空工作站，都留下了他设计的痕迹。雷蒙德·洛伊提出过一个设计理念叫"玛雅原则"，即MAYA（Most Advanced Yet Acceptable），意思是"最前卫且最易被接受的"。雷蒙德·洛伊认为人们喜欢那些大胆但又容易被理解的产品，这样的产品也往往容易流行起来。在玛雅原则的指引下，雷蒙德·洛伊的设计作品在当时广为流行，人们在穿过20世纪50年代的美国街头时，很难不遇见他和他的公司设计的产品。

雷蒙德·洛伊巧妙地洞察到了一个大众心理，那就是人们确实迷恋新奇的事物，但是如果它们过于新奇，又会让人们感到紧张和抗拒。人们一方面享受熟悉所带来的安全感，另一方面又渴望新事物所带来的兴奋感。最理想的情况，就是让人们一开始感到不熟悉和震惊，但这种震惊稍纵即逝，很快被新事物带来的兴奋感所取代。

在雷蒙德·洛伊看来，人们的注意力并不只受一个方向的力的作用，而是被不同方向的力量角逐。流行的本质就是在旧瓶子里装新酒，像一个一见如故的陌生人、一个熟悉的惊喜。找到熟悉与新奇这两股力量之间的临界点，就是玛雅原则的精髓。

在信息传播领域，玛雅原则也同样适用。大众容易受到新奇信息的吸引，但如果信息过于新奇，又会提升理解成本，削弱信息的传播性。

想要让信息更易被传播，所要做的就是找到熟悉与新奇之间的平衡点。为了赢得大众的注意力，流行文化领域的创作者经常使用"最优新鲜度"这一技巧,比如编剧会把两个大众熟悉的故事用新的方式组合在一起,如《泰坦尼克号》就是"罗密欧与朱丽叶在一艘沉船上"的故事,而《宠物的秘密生活》就是"《玩具总动员》加上会说话的动物"。在大众熟知的故事模式上加入新的元素,产生恰到好处的新鲜感,这样的作品就会更容易流行起来。

放到传播环境中,想要用户进入介乎新奇与熟悉之间的微妙状态,一个常用的方法就是制造刺激和重复曝光。使用新颖的素材,并让它们持续不断地出现在大众眼前,通过曝光让大家产生熟悉感,消解新事物带来的不适。

音乐领域的"耳虫"现象,就能展示刺激和重复所带来的效果。"耳虫"现象是指,一首歌曲中,总有那么一两段旋律或歌词能在人们脑中留下很深的印象,并且挥之不去,旋律会不受人控制地一直在脑中回荡。这些能产生"耳虫"现象的歌曲会通过重复的方式帮助大家记住它最动听的一段旋律、歌词,这段旋律或歌词通常也是相对简单或朗朗上口的。

这就不难理解为什么品牌主每年会花费大量的营销预算去投放各类广告。当电视或视频贴片广告不停地向用户推荐一款新口味的汽水时,哪怕这款汽水看上去是不那么令人愉快的蓝绿色,在一遍又一遍看到广告演员喝汽水时夸张的幸福表情之后,不少人也会产生买一瓶试试的想法。当用户每天打开手机都能刷到由机器算法定向推荐给他的广告或软文时,"种草"可能就不知不觉地发生了。

大到品牌广告投放战略，小到一句文案，"重复"都是一项很有效的策略。一个简单的例子就是，那些使用了回环修辞的文案，在传播过程中更容易脱颖而出，被人们记住且传颂。

回环修辞的具体形式，就是相同的词语以相反的语序重复出现，其经典结构是"AB，BA"。比如肯尼迪总统在其就职演讲中的那句名言"不要问国家能为你做什么，而要问你能为国家做什么"，就是典型的回环修辞，这句经典的发言获得过无数次引用，也衍生出过无数个新版本，足以证明其传播度。又比如，尼采那句知名的"你凝视深渊的时候，深渊也在凝视你"也用了回环修辞。即使是在一个较短的句子里，重复也能产生强调作用，产生记忆点，能使信息更容易被传播。

4.2 五个步骤，让故事更可信

"如果你想造一艘船，先不要雇人去收集木材，而是要激起人们对大海的渴望。"如果你想激起人们对大海的渴望，最好的办法是给他们讲个关于大海的故事。

故事不仅在文艺作品创作中扮演着举足轻重的角色，在文案创作、商业演讲、广告营销中，讲故事都是一项有效的沟通策略。从一万年前的洞穴岩壁，到如今的 IMAX 电影银幕，成千上万的故事在流转、传播，刺激着人们的大脑神经，催动着人们情绪的共振。

写好一个故事的方法不少，比如故事的"八点法"，要求在创作一个故事时要构建"背景、触发、探索、意外、选择、高潮、逆转、解决"这八大要素。但在这一节中，我们将重点探讨如何写出一个具有说服力、符合逻辑的故事，这就需要掌握好 SCQOR 原则。

SCQOR 原则是在展开故事时可以使用的一个有效方法，它是展开一个故事框架的五大步骤，本质上也是解决问题的五大步骤，S、C、Q、O、R 分别是以下几个单词的缩写：

S: Situation（背景）

C: Complication（冲突）

Q: Question（问题）

O: Obstacle（障碍）

R: Resolution（解决）

在这五大步骤中，S、C、Q 属于故事的导入部分，O 属于故事的中心部分，R 属于故事的结尾部分。以"耐克鞋与华夫饼"这个商业领域的故事为例：耐克联合创始人、当时的俄勒冈大学田径教练比尔·鲍尔曼觉得自己的球鞋在学校新建的聚氨酯塑料跑道上无法获得"抓地力"，某天吃早餐时，他看到厨房里的华夫饼烤盘，忽然觉得华夫饼烤盘那样的网格状跑鞋鞋底也许会比现在的跑鞋鞋底具有更好的抓地效果。于是他仿照华夫饼烤盘制作了一个橡胶模具，将其缝合到鞋底，让试穿的学生试跑，发现他们跑得更快了，这一创新也改变了几代人的跑步体验。

在这个商业故事中，Situation 是耐克联合创始人比尔·鲍尔曼当时在俄勒冈大学当田径教练，Complication 是他发现自己的球鞋助跑效果并不好，在学校新建的聚氨酯塑料跑道上无法获得"抓地力"，Question 则是他看到华夫饼烤盘后，提出把跑鞋底部做成华夫饼烤盘那样的网格，会让跑鞋具有更好的抓地效果，Obstacle 是他仿照华夫饼烤盘制作了橡胶模具，将其缝合到鞋底，Resolution 是这一鞋底让他当时的学生跑得更快，也改变了几代人的跑步体验。

可以看到，"耐克鞋与华夫饼"这个故事就是按照 SCQOR 结构展开的，逻辑清晰，在商业领域也得到了广泛的传播，甚至在耐克演讲人对投资人的演讲中，它也作为耐克精神的代表性故事被一次次提及。

戏剧作家罗伯特·麦基（Robert McKee）曾这样阐释他对"故事"的理解，本质上也呈现出 SCQOR 结构：

> 所谓"故事"，本质上是在描写人生的变化及其理由。故事会从人生比较稳定的状态开始。所有的一切都是安稳的，并让人觉得那份安稳会永远持续下去。可是，发生了某件事，那份稳定土崩瓦解了……

接下来的内容，会描写主角想要恢复稳定的主观期待与阻挠他实现理想的客观事实，这二者之间会形成冲突。优秀的讲故事者，会生动描述主角克服困难的过程。主角会深思熟虑，运用自己为数不多的有利条件，做出艰难的判断，明知危险却仍采取行动，最后达成目标……

每一位伟大的说故事者，都会处理主观期待与严峻的客观现实之间的冲突给主角带来的内心深沉的纠葛与挣扎。

要用 SCQOR 原则写出一个具有说服力的故事，在每一个步骤中都需要遵循一些要点。在 Situation 环节（S 环节），一般需要介绍故事的主角，可以是一个人、一家企业或者某一个主体，并且要介绍这个主角到目前为止持续的稳定状态。同时，在 S 环节还需要介绍故事所涵盖的范围，也就是提出故事的"世界观"，如果在 S 环节描写的内容能让信息接收者产生共鸣，会让故事获得一个更好的开端。

以《狮子王》这部电影为例，它讲述的是小狮子辛巴在父亲遭到杀害之后，一步步夺回大草原统治权的复仇故事。这个故事的 S 环节，介绍了辛巴的身份，它是草原王国的继承人，拥有一位德高望重的父亲——老狮王木法沙，故事的背景基调是宁静、快乐的。

在 S 环节阐述了清晰的、可引发共鸣的背景之后，接下来就到了 Complication 环节（C 环节）。C 环节存在的任务，就是颠覆 S 环节中持续稳定的状态并制造冲突，而它存在的作用，就是确认主角所面临困难的类型。在《狮子王》中，老狮王木法沙的弟弟刀疤设计杀死了木法沙，并让辛巴误以为是因为自己顽皮而害死了父亲，让它因为内疚而自我放逐，刀疤继而为王，而辛巴则在逃避中长大。

当问题暴露、冲突产生了之后，就进入到解决问题的 Question 阶段（Q 环节）。辛巴自我放逐后，草原在刀疤的统治下，由于过度捕杀导致生态系统丧失了平衡，草原变得满目疮痍，王国急需一个新的统治者来进行管理。

在故事推进的前三个环节，也就是其导入部分 S、C、Q 环节中，节奏应该较为紧凑，尽可能简洁，让信息接收者快速进入状态，而不是因为故事过于散漫而失掉耐心。在 S、C、Q 环节完成前情提要之后，就进入了核心的 Obstacle 环节（O 环节）。O 环节需要对 Q 环节进行解答。一般而言，O 环节是一个故事的核心环节，其篇幅也是 5 个环节中最长的，一般占比会超过五成。一个故事最核心的部分就是主角解决问题的过程，在《狮子王》中，O 环节也是最为精彩的环节，展示了辛巴克服心魔、探寻真相并夺回属于自己的统治权的历程。

最后来到 Resolution 环节（R 环节），作为收尾的解决过程应尽量简洁有力，《狮子王》中辛巴就在这个环节战胜了刀疤，重新成为草原之王。

4.3 三个技巧，让文案更具说服力

大部分文字存在的目的都是说服。小说作者会想尽办法说服读者相信故事的真实性，让读者产生代入感；广告文案创作者必须说服用户产品好，用户才会愿意乖乖打开钱包；商务人士需要说服客户相信自己的方案，才能顺利收获订单。

说服力不仅来自能言善辩的口才，还需要对人心的洞察和清晰的逻辑。提升文案的说服力，有以下几个技巧。

1. R-SCQOR 结构

在商业文案的创作中，一般会将上文提到的 SCQOR 原则进行一个变形，变为 R-SCQOR 结构。也就是先呈现 Resolution 的部分。先从结论开始，这样可以减轻信息接收者的负担，让他们无须动脑猜想接下来到底会讲什么。从信息接收者的心理层面来看，这样的做法可以让他们放心地听取随后而来的具体细节和步骤，即使在后面的过程中出现了由于注意力不集中而导致信息遗漏的情况，也会因为一开始知晓了结论而感到安心。信息接收者在一种较为放松的心境下获取信息，信息的说服力也能因此加强。

R-SCQOR 结构还有一个优势，它可以让信息接收者不自觉地运用自己的思考，去寻找具体信息与主要结论之间的联系，他们会依照一开始的结论去理解后续的内容，因为人总会在心理上或者视觉上自动补足一个整体中缺少的部分，因此即便后续的信息细节并不完整或是较难理解，信息接收者也可以通过自己进行补足，这也会让信息接收者在不知不觉中"说服"自己。

反过来，如果采取先陈述细节素材，再抛出结论的形式，一方面，会增加信息接收者的负担，因为这要求他们耗费自己的脑力去进行归纳和总结，另一方面，也有可能会产生信息接收者在听取过程中就形成了属于自己的结论的情况，难保他们自己形成的结论不与原本想要传递的结论相悖。

比如德国大众汽车公司甲壳虫汽车的一则经典文案，标题叫作"拥有它的好处之一是卖掉它"（One of the nice things about owning it is selling it），这也是这则文案内容的结论，被放置在标题的位置，具体文案如下：

> VW[①] 不会因为一启动钥匙就严重折旧。
>
> 就某一方面来说，它越旧越值钱。
>
> 因此，许多新车价格为 VW 两倍的车子，五年之后，反而比 VW 便宜许多。
>
> VW 的旧车值钱，因为许多人想买它。
>
> 原因之一是：只有真正的行家，才能辨别出干净的旧车和新车。
>
> VW 永远像 VW。
>
> 另一原因是：它们持久耐用。
>
> VW 的组合精密，几乎密不透风。（必须先打开车窗的一条缝，才能关上车门，即使旧车也是如此。）而且，VW 无论新旧，都可以从汽车、机油、轮胎的保

---

① VW 是德国大众汽车公司英文名称"Volkswagen"的缩写。

险和修理中，为你省下宝贵的钞票。

所以，你能卖到好价钱。（如果不得不卖的话。）

用户第一眼看到标题后，在阅读后面的文案时，头脑中就会带着"卖掉这辆车时有好处"这个结论，自动用"VW 永远像 VW。另一原因是：它们持久耐用""VW 无论新旧，都可以从汽车、机油、轮胎的保险和修理中，为你省下宝贵的钞票"等文案细节中去论证结论，夯实甲壳虫汽车经久耐用、可保值的产品特性。

甲壳虫汽车高举的"Think Small"核心理念，就是其传播金字塔中的"塔尖"，它一直在向消费者灌输着这一印象，并通过不同维度的内容去巩固这一理念，比如这一段文案：

> 我们的小车并不标新立异
>
> 许多从学院出来的家伙并不屑屈身于它
>
> 加油站的小伙子也不会问它的油箱在哪里
>
> 没有人注意它，甚至没人看它一眼
>
> 其实，驾驶过它的人并不这样认为
>
> 因为它油耗低，不需要防冻剂
>
> 能够用一套轮胎跑完 40000 英里[1]的路
>
> 这就是为什么

---

[1] 1 英里 ≈ 1609.34 米

你一旦用上我们的产品

就会对它爱不释手

当你挤进一个狭小的停车场时

当你更换那笔少量的保险金时

当你支付那一小笔修理账单时

当你用旧大众换到新大众时

请想想小的好处

在"Think Small"的核心理念之下，通过油耗低、不费轮胎、停车更方便等关键信息佐证，让用户感受到甲壳虫汽车体积小的好处，在当时盛行又大又长的轿车的风潮之下打出差异牌。

在开头就抛出结论，也便于我们利用"锚定效应"（Anchoring Effect）对信息接收者进行先入为主的印象管理。锚是将船固定住的工具，锚定效应就是指人们在进行决策时，往往会受到第一印象的影响，它会让思维像沉入海底的锚一样，将人们的想法固定在那里。当我们把 SCQOR 结构中的 R 放在首位时，它就会被信息接收者当成一个参照物，从而影响他们的最终判断。

就像在餐厅点酒时，如果服务生一开始推荐了一款 1 万元的酒，再推荐一款 5000 元的酒，人们会觉得 5000 元的酒比较便宜，但如果服务生一开始推荐的是一款 2000 元的酒，再推荐一款 5000 元的酒，那人们就会觉得 5000 元的酒比较贵。同样是一瓶 5000 元的酒，因为一开始的参照物不同，在人们心中的印象也会截然不同。

许多电商平台在商品销售时也会利用锚定效应促使消费者下单，比如在展示商品价格时，会展示"原价 199 元"和"限时特价 99 元"，让用户产生这个商品此刻很便宜应该立刻下单的心理。首先进入信息接收者脑中的观点会成为一个滤网，让他们只能读到通过了这张滤网的信息。

2. 罐头笑声原理

罐头笑声（Canned Laughter），是指情景喜剧中那些被录好的笑声或音乐，会在电视台认为"观众应该笑"的地方进行播放。因为这些笑声都是机械的、千篇一律的，就像罐头一样，吃起来味道都差不多，因此得名"罐头笑声"。尽管有不少观众都反感这种伪造的笑声，尽管有不少著名导演、编剧和演员都企图取消自己参与的电视剧中的罐头笑声，但绝大部分情景喜剧中依然保留了它。

罐头笑声得以保留的原因，就是它确实可以让观众在有笑点的地方笑得更加激烈和持久，也可以让一些拙劣的笑话变得不那么尴尬。罐头笑声得以纵横情景喜剧界的心理根源，是社会认同原理。

社会认同原理（Social Identity Theory）认为，当人们处于不确定环境下，要判断一件事正确与否时，他们会根据别人的意见行事，他们的看法取决于其他人的行为。就像罐头笑声一样，人们对一些事物的认同反应是条件反射式的，听到别人的笑声就忍不住也做出发笑的反应，即使是伪造的他人反应也能起到同样的效果。

社会认同原理运用得当,可以产生很好的效果。比如酒吧里的调酒师会在小费罐中事先放几张钞票,让客人产生"别人都在给小费"的印象,这样的小动作能让调酒师获得更多小费。有些募捐者在募捐时,也会在观众中提前安插好"托儿",在需要的时候上场捐款,带动更多的观众捐款,这就是社会认同原理的力量。

加利福尼亚大学的社会学家大卫·菲利研究了美国从1947年至1968年的自杀统计数据,他发现每当新闻头版上出现了自杀事件,那么其后两个月时间里,自杀的平均人数就会比一般月份增加58人,看上去似乎是自杀的新闻报道让原本有自杀念头的人产生了社会认同,觉得自己想自杀的念头变得站得住脚了。这种"自杀模仿"的现象也从一个侧面佐证了维特效应的杀伤力。

社会认同原理的威力超乎想象,回到文案创作领域,如果能在创作中合理利用社会认同原理,那么说服用户的概率就会有效提升。不少广告宣传语中都会使用诸如"已有3000万人购买了这一产品"甚至"每五秒就售出一杯"这样的文案,其中就利用了社会认同原理,让用户觉得其他人都在使用这样的产品,从而产生购买冲动。

3. 细节即胜利

《百年孤独》的作者马尔克斯有一个写作诀窍,他认为当你告诉别人有一群大象飞在空中时,他们不会相信你,但当你说有425头大象在天上飞时,他们也许就会相信。

在写作中,细节对提升文案可信度及说服力的作用是巨大的。《粘住:我们为什么记住了这些,忘掉了那些》一书曾提到,有研究表明，律师在其辩护词中增添一些生动的细节（即便这些细节根本与案情无关）时，往往能让他们有更高的概率说服陪审团。比如在一起争夺子女监护权的案件中，律师讲述了母亲每晚叮嘱儿子刷牙，并且给他购买星球大战牙刷的细节，陪审团就更倾向于将监护权判给母亲一方。

戴森智能吸尘器的产品文案就通过具体的数据来体现智能吸尘器对技术的追求：

> 为了实现智能高效清洁方式，超过200位戴森工程师不断努力，超过4410000行编码，并将持续增加，2137公里原型机行进距离，15600次开关次数。

又比如，电商平台网易严选在描述一款面巾纸时，为了证明面巾纸的柔韧性和吸水能力，用了"一纸三层""5张纸可吸干半中杯（100ml）净水"这样的文案，没有复杂、抽象的词汇，而是用细节去说服用户。

4.4 避免无效沟通四大坑

语言与逻辑是密不可分的。人类的认知主要由三部分构成：客观存在的事物、事物在大脑中的反映和人类为它们创造的语言。以猫为例，首先世界上有了猫这个生物，人们才会有猫这个概念，然后才有"猫"这个大家都知道什么意思的词。语言和观念的匹配度越高，沟通就会越清晰和有效。想要让文案更有说服力，就需要与信息接收者进行清晰顺畅的沟通。要确保有效沟通，以下几点需要注意：

1. 避免将主观看法作为客观事实

"珠穆朗玛峰是世界上海拔最高的山峰"，这句话描述的是一个客观事实，而"珠穆朗玛峰太美了"，这句话就兼具了客观和主观的因素。基于客观事实的描述是没有争议的，但糅合了主观因素的描述就会产生争议。以"珠穆朗玛峰太美了"为例，美是一种很主观的感受，有人觉得温婉秀丽是美，有人觉得巍峨雄壮是美。觉得温婉秀丽是美的人，也许就不会觉得珠穆朗玛峰美，争议也会由此产生。因此在进行有效沟通时，需要区分清楚主观看法和客观事实，以减少争议的发生。

2. 避免使用双重否定

双重否定在修辞上可以表示肯定，并在一定程度上可以起到加强语气的作用。但为了让沟通更清晰有效，需要尽量避免使用双重否定句式。比如"我知道她不是不喜欢我"，改为"我知道她喜欢我"就会让信息接收者更容易理解，也能降低歧义产生的概率。

3. 避免话术一成不变

"液体氦的 λ 现象和波色—爱因斯坦凝聚"和"100 秒看完 100 年物理发展史"两条信息所面向的人群就是完全不同的。如果对普通公众讲"液体氦的 λ 现象和波色—爱因斯坦凝聚"，那么收获的只会是大家的一头雾水，它更适合出现在与有物理学知识背景的人的交流中。而"100秒看完100年物理发展史"这类科普属性的内容就是大众喜闻乐见的，不需要太多的知识积淀和理解成本。根据不同的沟通对象，需要选择不同的语言模式与风格，才能获得最好的沟通效果。

4. 避免语义模糊

语义模糊是高效沟通的大敌，但这样的情形却经常发生在日常生活和写作中。比如"大家不喜欢吃那样的食物"就是一个语义模糊的句子，大家是谁？那样的食物是怎样的食物？这样的句子会让人感觉摸不着头脑。但如果改成"北方人不喜欢吃加了太多花椒的食物"就会清晰很多。

通常而言，一个词语被用得越普遍，它的含义就会越模糊。比如椅子这个名称，下面就能细分出按摩椅、折叠椅、躺椅、摇椅等各种各样的类型，如果想让信息接收者更高效地理解，最好就不要使用笼统的词汇，而是在前面加上定语的限制。

4.5 七种方法，写出亮眼金句

金句，就是指那些如金子般闪闪发光的句子。它们通常能通过简洁的文字，辅以巧妙的文字技巧，去传递能引起人们共鸣的道理。金句不仅在近些年来特别流行，而且自古就有，那些能传播很久的文字，通常具有金句的特征。比如在《论语》中，孔子所说的许多话就是金句,"己所不欲,勿施于人""君子周而不比,小人比而不周""岁寒,然后知松柏之后凋也",这些句子就是典型的金句,只不过它们都是以文言文的形式呈现的,这些金句"化石"也使用了一些文字技巧,让句子的流传变得更加容易。

与昙花一现的流行语不同,金句的保质期往往更长,无论在短文案还是长文章中,金句都能起到制造记忆点、提升文案传播度的作用。掌握金句的写作技巧,对提升文案的内容深度和传播广度都很有帮助。想要写出金句,首先需要剖析金句。什么样的句子能算得上是一个金句?

> 卑鄙是卑鄙者的通行证,高尚是高尚者的墓志铭。——北岛

> 死亡是活过的生命,生活是路上的死亡。——博尔赫斯

> 你可以欺骗一些人一辈子,也可以欺骗所有人一阵子,但你不可能欺骗所有人一辈子。——亚伯拉罕·林肯

> 能看见多远的过去,就能看见多远的未来。——温斯顿·丘吉尔

> 与恶龙缠斗过久,自身亦成为恶龙;凝视深渊过久,深渊将回以凝视。——尼采
>
> 好人们都睡得安稳,而坏人们都在享受他们醒着的时光。——伍迪·艾伦
>
> 童年的朋友就像童年的衣服,长大就穿不上了。——查尔斯·兰姆

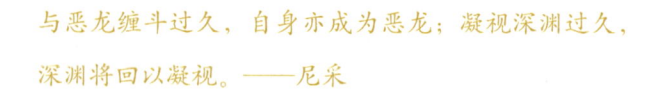

上面一组都是广为流传也颇具深度的金句。仔细观察,会发现它们有三个共同点。

首先,这些金句都道出了某个普世的道理。比如北岛在《回答》中的这一句诗"卑鄙是卑鄙者的通行证,高尚是高尚者的墓志铭",就揭示了许多品格卑劣的人因为不受道德约束,能肆无忌惮地横行于世,卑鄙成了他们畅通无阻的"通行证",而不少道德高尚的人却只能在死后的墓碑上得到一句彰显其高尚品格的墓志铭。伍迪·艾伦那句"好人们都睡得安稳,而坏人们都在享受他们醒着的时光",传递的道理也有异曲同工之妙。温斯顿·丘吉尔的"能看见多远的过去,就能看见多远的未来",表达的就是研究历史、从历史中吸取经验教训的重要性。

其次,这些金句写出某个道理所用的表达方式都是十分形象和生动的,经常会使用比喻等修辞手法。比如,北岛就把品格卑

劣的人的肆无忌惮暗喻为持有"通行证","童年的朋友就像童年的衣服,长大就穿不上了",就把儿时的朋友比喻成小时候穿的衣服,来说明随着成长环境的变化,人们身边的朋友也会不断发生变化这一道理。

最后,这些句子在文字的组合上都存在某种有迹可循的固定模板,或者说是套路。比如博尔赫斯这句"死亡是活过的生命,生活是路上的死亡",其结构就是"A是B的……B是A的……",一组词在句子中颠倒出现,呈现出一种互为倒影的句式,通过这样的技巧能起到加强情绪和语气的作用,同时也能通过重复起到加深读者记忆的效果。又比如尼采的"与恶龙缠斗过久,自身亦成为恶龙;凝视深渊过久,深渊将回以凝视",句子中也存在回环的结构。"能看见多远的过去,就能看见多远的未来",同样的句式,句末的词过去和未来正好是一对反义词,也能在文字的反差中彰显想要表达的道理,这句话的本质含义和"研究历史能帮助人们更好地谋划未来"没有区别,但文字呈现的技巧却天差地别。

在了解了金句的特征之后,我们来看看哪些方法可以帮助我们提升表达技巧,让我们写出的句子更加夺目。

1. 押尾韵法

押韵,是一种常见的修辞手法,在诗歌的创作中尤其常用,它可以让文字拥有整齐美和音律美。押韵修辞,通常是把韵母相同或相近的文字放在诗文中固定的位置,通常放在字尾,叫作押尾韵。比如《诗经》里的金句"关关雎鸠,在河之洲",叔本华的金句"要么孤独,要么庸俗",原文或译文中都使用了押尾韵的修辞方法。

也有押头韵的,这种修辞手法在英文中更为常见,比如英国小说家简·奥斯汀的作品 *Pride and Prejudice*(《傲慢与偏见》)、*Sense and Sensibility*(《理智与情感》),就是分别把开头几个字母发音相同的两个单词组合在一起,使其读起来朗朗上口,令人记忆深刻。在广告语中也有押头韵的例子,比如健身软件 Keep 的广告语"自律给我自由"。

押尾韵的方法在金句创作中较为常见。比如跑鞋品牌 New Balance 的文案"人生没有白走的路,每一步都算数","路"和"数"就韵母相同。陌陌的文案"世间所有的内向,都是聊错了对象",今日头条的文案"米其林餐厅的味道真贵,妈妈的味道珍贵",下厨房 App 的文案"南来或北往,愿为一人下厨房"都属于此类。

当然,还有结尾的文字完全相同的金句类型,比如日本朝日啤酒的文案"没有酒鬼,只有胆小鬼",台湾全联超市的文案"懂得怎么花,就能活出一朵花""我们家的财神,就是每个人都有省钱精神""想省钱就一起租房,想更省钱就一起进厨房",陌陌的文案"对付玻璃心,就得铁了心"。

使用了押尾韵技巧的文案,在阅读或念出来时会让人觉得音律和谐,有铿锵之感,可以起到加强语气和情绪的作用,可以使用户的印象更加深刻。

2. 对比反差法

在寥寥数笔的文字中，体现出对比与张力，这样具有反差感的文案往往能让人在思维的碰撞中感到趣味：

> 三毫米的旅程，一颗好葡萄要走十年。（长城葡萄酒）

> 你有一颗比十万八千里还远的心，却坐在不足一平米的椅子上。（别克昂科拉）

三毫米，是酒瓶壁从外到里的距离，也就是酒瓶的厚度，而真正能装进瓶中的葡萄酒，却要经历栽培、采摘、酿制、窖藏等，过程长达十年的时间，"三毫米的旅程，一颗好葡萄要走十年"，长城葡萄酒的这句文案利用"三毫米"和"十年"这一组数字的对比，在反差中体现出品牌对葡萄酒品质要求的严苛。"你有一颗比十万八千里还远的心，却坐在不足一平米的椅子上"，也利用了"十万八千里"和"不足一平米"所产生的对比，来激起用户"年轻！就去SUV"的欲望。

京东电器为一款冰箱写的文案"如果屋子很空，冰箱一定要满"，也采用了对比的手法，来体现冰箱对年轻人心灵的"治愈"作用。天猫超级品牌日联合OPPO推出的一则海报文案"买得到通话2小时的手机，却难找到聊天超过5分钟的人"，在2小时与5分钟的对比中，既体现了OPPO手机续航能力强的特点，又传达出提醒用户"记得把超级品牌日那天'空出来'"的主题。

许多作家在写作中，也喜欢使用对比反差法创造金句，这种技巧可以有效地增加戏剧性和冲突性。比如张爱玲的金句"生命是一袭华美的袍，爬满了虱子"，就通过将"华美的袍"这一富丽优雅的意象和"虱子"这一象征肮脏破败的意象放在一起，制造强烈的冲突，且文字极富画面感，也展现出张爱玲对生命喧嚣与苍凉并存的参悟。葡萄牙诗人费尔南多·佩索阿的诗句"我的心略大于整个宇宙"，也使心和宇宙形成对比，并且还是心"略大于"宇宙，在反差中让人感受到一种震撼。"已识乾坤大，犹怜草木青"这句诗也通过乾坤和草木一大一小两个意象的对比，来烘托出识尽人世沧桑依然保持看到草木发新芽也会感到喜悦的人生境界。

对作家而言，"对话应该像是在互扔冒烟的手榴弹，而不是观看象棋比赛"，这样才能让人物对话充满激情，吸引读者欲罢不能地读下来，在反差型金句的撰写中也是如此，让具有高对比度的词语像互扔的冒烟手榴弹那样碰撞在一起，发出的轰鸣就足以在用户的记忆中形成长久的回响了。

3. 比喻法

它是我与幻想扭斗、企图将它显像过程中的一抹痕迹。

它是我将思绪表达在纸张、胶卷、音符等媒体上的一个烙印。

> 它是一种颠倒众生、真情流露的做作。
> 它是我的青冥剑,是我心里的玉娇龙,
> 是我心底深处那个自作多情的小魔鬼。
> 它是我企图自圆其说所留下的一笔口供。
> 它是我想要了解这个世界的一点努力。

上面这段话,是导演李安在《十年一觉电影梦》中自述他对电影的看法的一段文字,使用了一连串比喻,写出了自己与电影之间、与世界之间复杂而充满张力的关系,为电影于他"到底意味着什么"这个抽象的问题,交出了一份漂亮的答卷。

在文案金句的创作过程中,比喻也是一件利器。使用恰当的比喻,可以将抽象的道理进行具象化表达,降低用户的理解成本。恐怖小说作家史蒂芬·金曾这样描述比喻的功能:比喻用到点子上带给我们的喜悦,好比在一群陌生人中遇到一位老朋友一般。将两件看似毫不相关的事物放在一起比较,有时可以令我们换一种全新的生动眼光来看待寻常旧事。

许多令人记忆深刻的广告文案,都把比喻的修辞手法运用得炉火纯青。比如台湾奇美液晶电视机的文案"世界上有一种专门拆散亲子关系的怪物,叫作长大",把长大比喻成"专门拆散亲子关系的怪物",令人耳目一新。印度文案大师 Freddy Birdy 的"有时,孤独跟关节炎一样痛",就用关节炎的疼痛来比喻老人的孤独,关节炎本身也是老人易患的病,这个比喻细嚼起来也具有逻辑性。

不过，使用比喻修辞也有三个需要绕开的雷区。

一是比喻不恰当，比如"他木然坐在尸体旁边等待验尸官到来，耐心得仿佛在等一个火鸡三明治"，会让人感到一头雾水，弄不清楚创作者到底想要传递怎样的情绪。

二是比喻陈旧，比如"他像疯马一样狂奔""莉莉像鲜花一样娇艳"，会让作者看上去要么懒惰要么无知，而比喻失败的根源多半是阅读量不够，这就要求文案创作者要有意识地提升自己的阅读量，因为许多作家都堪称优秀的"比喻制造机"，擅长创造新奇又形象的比喻。日本作家三岛由纪夫的作品中，就时常可见令人惊艳的比喻，比如：

> 阿透和百子手拉手站在草坪中央。两人的身影同样以幻象式长度远远往东面延展开去，宛如两条细长的鲨鱼咬着两人的脚腕。

> 好奇心正如腮内含一颗李子般陡然膨胀起来。

> 睁眼醒来的第一个向他报告自己还活着的，不外乎喉头这海参般的痰球。

> 过山车刚用纤细的钢筋编完，活像漏洞百出的空笼子悬在十一月下旬早来的暮空中。

把人的影子比喻成咬着人脚腕的细长鲨鱼，这样的比喻险怪却又十分形象，让人脑海中能浮现出夕阳西下时人的身影被拉得很长的画面。把忽然出现的好奇心比作腮内含着的李子那样忽然膨胀起来，把好奇心的出现这件极其抽象的事利用比喻进行了形象化的表达，不落俗套。

三是比喻缺乏美感，比如"她的头发在雨中闪烁，就像打喷嚏之后的鼻毛""她如此依赖他，仿佛她是大肠杆菌菌群，而他是一块室温下的加拿大牛肉一般""他深坠爱河，当她说话时，他仿佛听到了悦耳的铃声，仿佛她是一辆正在倒车的垃圾车"，这样的"金句"缺乏美感，在创作中也需要尽量避免。

宝马 MINI 就曾发布过一组充满诗意的文案，文案以 MINI 车身颜色为主题，在描述不同车身颜色时，运用了许多比喻，让车身颜色更有场景感和诗意：

> 做个板栗，面对生活的煎熬，实在绷不住了，就咧开嘴笑笑。（板栗棕）

> 鲸跃出海面，巨浪还没掀起，龙卷风远在千里之外，荒岛成为一片蓝色，还差蝴蝶扇动几下翅膀。（海岛蓝）

被人戴在手上的石头，开心得晶莹剔透，剩下没被发现的，藏在地下灰心难过。（碧玉灰）

像妈妈刚晾好的衬衫，像找不到头绪的试卷，像第一次见到你自带的光。（亮白色）

我说，像时间，我说，像岁月，我说，像山后的溪，你不懂。我说，像每个月的薪水，你，就懂了。（流光银）

把人比作板栗，承受不了生活之重压时就咧开嘴笑，用板栗被煎熬时裂开的形态，来比喻人生乐观的态度，戏谑中带点豁达，也传递出宝马 MINI 年轻化、崇尚个性的品牌主张。海岛蓝这句文案则用了一组暗喻来比喻这种特别的蓝色，跃出海面的鲸、即将掀起的浪、蓝色的荒岛，这些意象都给人"海岛"的意境美。亮白色则用刚刚洗净晾好的衬衫、试卷和喜欢的人发出的光来比喻宝马 MINI 车身的颜色，文案洋溢着青春的味道。碧玉灰和流光银的文案中也都使用了比喻修辞，这些金句的共同特点是用人们熟悉的物品、意象来使颜色形象化。

4. 重复法

重复法也是在金句的创作中非常实用的一种方法，也比较容易出效果。重复法可以细分为不同类型，主要取决于重复的是句子中的哪个部分。

"AB，BA"这类结构的重复也叫作回环，比如肯尼迪总统就职演讲中的金句"不要问国家能为你做些什么，而要问你能为国家做些什么"就是典型的回环结构，把句子中同样的部分以不同的顺序进行了重复。New Balance 的文案"不要为了天亮去跑，跑下去天自己会亮"，也使用了同样的技巧。

还有一种文案，重复的是句子中的动词。这样的文案往往读起来十分铿锵有力，富有动态感。比如红星二锅头的金句文案"用子弹放倒敌人，用二锅头放倒兄弟"，重复的部分是句子中的动词，即"用……放倒……，用……放倒……"，读起来十分热血，符合红星二锅头作为一款烈酒的品牌气质。又比如天猫品牌日的文案"戴手表不看时间，只看今天穿什么"，重复了两个不同含义的"看"，道出了讲究搭配的用户们的小心思。Keep 健身 App 的文案"我怕丢掉了安全感，我更怕困在安全区"，通过"怕"字的重复，加上"安全感"和"安全区"这对一字之差意思相反的词汇的重复，更强烈地体现出健身中所蕴含的跳出舒适圈的突破精神。

5. 拆解法

拆解法是指把一个短语或一个词语进行拆分，或在其中加入新的成分，让其产生全新的含义，从而增加语言的丰富度。

比如台湾全联超市的文案，"来全联不会让你变时尚，省下来的钱能让你把自己变时尚"，就通过把"让你变时尚"拆解为"让你把自己变得时尚"，把超市这样一个原本和时尚扯不上什么关系的地方，变得富有时尚意味。

宝马 MINI 轿车的文案"越是强手，越是喜欢强有力的对手"，通过把"强手"这一词汇拆解成"强有力的对手"，来体现宝马 MINI 轿车桀骜不驯的品牌气质。

天猫的文案"穿着舒服就好，是指你穿着舒服，别人看着也舒服"，通过把"舒服"的含义拆解拓展为"你穿着舒服，别人看着也舒服"，来说明挑选正确服饰的重要性，"买补水产品，是为了给你的年龄掺点水分"，把"补水"拆解为"给年龄掺点水分"，在文案含义的拓展中体现出补水产品的功能。"年轻人需要指点，但不需要指指点点""有些人喜欢说自己是外貌协会的，结果自己的外貌却进不了协会"……这些文案也是采用了相同的手法。

6. 颠倒法

扮成潮人，就是要不消失在人潮。

把好的物品带回家，是为了把更好的状态带出门。

到服装店培养气质，到书店展示服装。

上面这组文案，在撰写时都使用了颠倒法。比如"潮人"和"人潮"，是一个词中两个字顺序的颠倒，这句文案通过这一技巧写出了购物打扮的重要性。在"带回家"和"带出门"中，通过

"回家"和"出门"颠倒，写出好的物品给人带来的治愈。"到服装店培养气质，到书店展示服装"则把两组关联的概念进行了颠倒，正常的逻辑应该是在服装店展示服装，在书店培养气质，所谓内外兼修，但这句文案却把这种逻辑"打散重装"了，从颠倒中衍生出个性化的态度来。作家林语堂的金句"人生在世，还不是有时笑笑人家，有时给人家笑笑"，也是通过"笑笑人家"和"给人家笑笑"这组短语的颠倒，展现出看淡浮沉的豁达态度。

7. 反常识法

那些能够打破常规而又能自圆其说的句子，往往更具冲击力，也更有成为金句的潜质。比如伍迪·艾伦的"如果你放弃所有让你想活到一百岁的东西，你就可以活到一百岁"，这句话中就打破了一个常识，人们会追求长寿，要长寿就必须放弃能给人带来即时享受的东西，如酒精、烟草、高热量食品等，可放弃享受，长寿又变得索然无味。这句话中暗含了对自律的中产生活的调侃。

看似不按常理出牌，却又能自圆其说，这样的反常识类金句往往能让人在惊奇中产生兴致。比如咖啡品牌 UCC 的广告文案是"这世界上的傻子不一定真的脑袋不好，但一定自以为聪明"，在人们的常识中，傻子就是脑子不好的人，但这句文案却打破了这种常识，告诉大家傻子不一定真的脑子不好，但一定自作聪明。

又比如奥斯卡·王尔德的金句，"世上只有一件事比被人议论还要糟糕，那就是不被人议论"，在人们的常识里，被人议论是一件负面的事，但王尔德却说世界上只有一件事比它还糟糕，那就是"不被人议论"，寂寂无闻才是最糟糕的，这句话在注意力成为一种稀缺资源的时代，更闪耀出智慧的光芒。

4.6　四种当代美学，提升文案质感

"审美"这个词，近年来在广告营销领域出现的频率越来越高。尽管用户热衷于观看华农兄弟、美食作家王刚发布的看上去并不精美甚至有些粗糙的短视频，喜欢收藏和转发那些模糊到变成像素风的表情包，但对文案创作者而言，基础的审美能力是必备的，我们要能判断什么样的文字是美好的、令人舒适的，什么样的文字是劣质的、哗众取宠的，才能避免在沟通中引起用户的反感。无论在什么时代，品牌都希望向用户传递真善美的理念和形象，这是不变的诉求，那些土味的、搞怪的内容都只是技巧，是与用户实现同频共振的短期手段。

当代人，尤其是当代年轻人，在审美这件事情上，越来越有自己的主张、倾向甚至是一些癖好。比如为美食拍照只采用KINFOLK杂志式的水平俯拍大法；比如鄙视磨皮10级的美颜功能和太过失真的滤镜，宁愿自己使用VSCO手动调整色调和HSL值；又比如因为某个品牌或某件商品的包装盒/购物袋好看而购买……一些看似细枝末节的小癖好，正在默默影响着人们对某个产品或品牌的感知与好恶。

对文案创作者来说，审美能力的提升或许不会十分直接地体现在工作的成效中，但它对于我们提升内容的深度和美感却相当

重要。在为不同的产品或品牌创作文案的过程中，如果有意识地运用与它们气质吻合的美学知识，能有效地提升文案的精度和厚度。接下来的内容，纵贯古代与现代，横跨大洲与大洋，只为我们需要时能取一瓢饮。

1. 极简之美：对消费主义的叛逆

极简主义（Minimalism），是近年来颇受追捧的一种审美倾向。用流行的话来说，符合极简主义的物品会显得"高级"。线条简约，注重留白，去掉不必要的矫饰，极简主义风格给人以放松、环保且经济的感觉，在某种程度上，它也反映出人们对消费主义横行、物欲过载的当代社会的反思与叛逆。

其实早在 14 世纪，英格兰逻辑学家奥卡姆就曾提出过一个原理：如无必要，勿增实体（Entities should not be multiplied unnecessarily）。它被称作"奥卡姆剃刀"原理，是指剔除那些不必要的烦琐与累赘，用最少的资源达成同样的目的。如今这一概念在工业设计、企业管理及日常生活等层面都在发挥着作用。

从美学的角度来看，中国自古以来就有受道教文化影响而形成的简朴美学观，崇尚"清水出芙蓉，天然去雕饰"的自然和纯粹，在日本，也素有从茶道精神中脱胎而来的"和敬清寂"的审美理念。

日本家居品牌无印良品（MUJI），就是将极简风格运用到产品设计与品牌塑造上的集大成者之一。在增田明子所著的《无印良品式营销》一书中，就曾这样阐释无印良品的成功之道：

> 无印良品通过去除商品中的多余成分，将"和敬清寂"的生活理念传递给消费者，突出本品牌的特色……
>
> 根据冈仓天心在《茶之书》中的说法，茶室好比一个"空的容器"，而茶道的本质就是要考究在这空空如也的茶室中放入何物，以期达到何种状态……MUJI 与茶道的相似之处，具体来说，就是"高度的自由"。茶室的"空盒子"概念表现在 MUJI 上就是"空"。

在品牌营销层面，无印良品也在不断放大这种极简、空、静谧美好的概念。比如 2003 年一组主题为"地平线"的广告，一张张海报中仅有的元素就是天空与草原、雪地、湖泊，以及它们交界处的那一根地平线，除此之外空空如也，什么别的元素也没有。极简优雅的画面容易让人感受到一种寂静、空旷的氛围，这也是无印良品想要传递给用户的品牌质感。在无印良品的设计师原研斋看来："将所有复杂的、繁乱的、色彩缤纷的事物，划归到一个永恒的起点来重新审视，而这就是无印良品广告所传达的视觉印象。"

又比如在 2005 年的广告中，画面里只有银阁寺的一间茶室和一只无印良品茶碗，以此营造出"空"的意境，将无印良品的品牌理念与茶室和禅的概念相融合，使得用户产生无印良品的商品如同茶室般静谧的感知和印象。

无印良品的流行，其实也与日本低欲望的社会背景、断舍离的生活理念密不可分。在物质充裕、信息爆炸的当代，不少人会通过为自己的生活做减法来获得"清空"的满足感，比如关闭微信朋友圈、定期清除手机里不常用的 App、丢掉衣橱里很久不穿的衣服。极简主义的审美与这样的生活理念与方式不谋而合，满足了用户在拥挤生活中找寻一处"留白"的愿望，因此成为近年来备受推崇的一种审美倾向。

2. 余味之美："高情景"文化的产物

电影导演小津安二郎曾说：电影和人生，都以余味定输赢。"余味"就是他对电影审美的一种追求，为了追求余味，小津安二郎在拍摄中有意识地减少戏剧化的成分，以"慢腾腾"的节奏去细致刻画日常的生活与情感，让内容自然而然地积成余韵，对于想表达的内容并不直接道破，而是让观众自行感受，使观众在看完电影之后，感到余味悠长。

> 高兴就又跑又跳，悲伤就又哭又喊，那是上野动物园猴子干的事。笑在脸上，哭在心里，说出心里相反的言语，做出心里相反的脸色，这就是人，看不透。
>
> ——小津安二郎

就像小津安二郎说的那样，人是复杂的、矛盾的，"笑在脸上，哭在心里，说出心里相反的言语"，所谓余味，大概就是在这种真情的涌动与克制的伪装的微妙激荡中产生的吧。这样的审美所带来的体验，会让人们在心中对其进行长久的咀嚼。

就像古诗里的"此中有真意，欲辨已忘言""欲说还休，却道天凉好个秋"一样，中国也历来推崇委婉而意境悠远的审美。而这样的审美倾向也有其诞生的现实背景。人类学家爱德华·T.霍尔曾提出过"高情景"文化和"低情景"文化的分析构架，其划分依据是人们在沟通过程中信息传递及接受的准确性与清晰度。

所谓"高情景"文化，就是指身处这一文化体系下的人们在解读信息时，会非常重视自身所处的情景，并习惯于解读和分析信息中潜在的意思，即所谓的"说话听音，锣鼓听声"。"高情景"文化体系下的人们会认为同一句话，放在不同的情境中，会产生不同的弦外之音，因此"高情景"文化中的人们其实已经具备对含蓄风格的审美基础。而"低情景"文化则相反，"低情景"文化中的信息都是通过准确、明晰的语言进行传达的，所说即所想，因此会更加注重表达的规则、逻辑与准确。

东亚地区深受儒家文化影响，基本上都属于"高情景"文化地区，而美国、斯堪的纳维亚半岛国家、德国等都是"低情景"文化的代表地区。"高情景"文化常见于推崇集体主义精神的国家，而"低情景"文化一般常见于个人主义色彩浓厚的国家。

不同的情景文化体系，也塑造着不同风格的广告营销模式。"高情景"文化下的广告，风格都较为细腻和含蓄，广告文案字数相对较少，且多描述某种氛围，充满象征的意味，如果运用不得当则会有晦涩难懂的弊端；而"低情景"文化下的广告则会使用文字较多且明确的文案，倾向于列数据、讲论据。可以感受一下下面两组文案的不同：

A 文案

你能在 Schweppes 中看到柠檬，
因为 Schweppes 是用新鲜柠檬做的。
柠檬汁、柠檬肉、柠檬皮，
整个柠檬。

B 文案

骨瓷皂盘教你饭前洗手，
少了苎麻浴袍必定忘记睡前祈祷，
不烧柑橙芳香烛如何证明上帝的存在，
只要懂得买，
连港式素蚝油也会分泌亚洲美学精神。

　　A 文案是奥美公司为 Schweppes 柠檬水所做的广告，利益点十分清晰，就是告诉用户 Schweppes 柠檬水中的柠檬都是新鲜的，无论是汁、肉还是皮，这是典型的"低情景"文化下的广告内容。而 B 文案则是许舜英为台湾中兴百货写的文案，写骨瓷皂盘这一物品，不直接写它的特点，而从它"教你饭前洗手"的角度去写，大意是美好的物品也会让使用它的人变得更加珍惜，从而变得更加优雅。穿上苎麻浴袍会让人记起睡前祈祷、柑橙芳香使人更清洁虔诚、港式素蚝油分泌的是亚洲美学精神……挑选对的商品也能体现出购物者的品位、提升购物者的生活质量，这是一种非常迂回、含蓄的文案风格，也是注重情景而不注重物品本身的典型的"高情景"文化主导的风格倾向。

3. 侘寂之美：瑕疵让人跳出形式

互联网的发达，让更多真实的生活图景得以更好地展现在大众面前，其中所蕴含的鲜活的趣味和生机也随之呈现。人们打开互联网，不仅可以看到妆容精致的明星，也能看到不假修饰的素人，不仅可以看到摆盘精美的米其林料理，也能看到路边充满烟火气息的一餐小食。在某种程度上，赛博世界内容发布的低门槛，其实在影响着人们对美的判断标准。就像许多明星也开始卸下完美的面具，开始经营搞怪人设那样，一些带有无伤大雅的缺点的人和事反而更能拉近与用户的距离，获得他们的喜爱。不少品牌也在社交媒体上装傻卖乖，以博用户宠爱。

比起完美，那种美好中间杂着一些缺憾的状态，仿佛更有吸引力。这其实也是一种古已有之的审美倾向。就像日本作家谷崎润一郎在《阴翳礼赞》中所描述的：

> 我们看到闪闪发亮的东西，心情绝对无法平静。即使是餐具等物，西方人也多采用银、钢铁、镍制品，并研磨得晶晶亮亮，然而那样的发光物却只会令我们感到厌恶。虽然我们也利用银制造茶壶、杯子、

> 酒壶等物,但绝不会如此打磨。反而,我们喜爱那表面的光泽已消失,古色古香,被氧化得发黑的银器。下女等不解雅趣之流,将好不容易生锈的银器,磨得光闪,反而会遭主人责骂。

不喜欢闪闪发光毫无瑕疵的餐具,而是喜欢那些表面光泽已经消失,甚至具有划痕和瑕疵的器物,这是一种"侘寂"的美学观。日本美学研究学者李欧纳·柯仁这样解释"侘寂":

> 如何打扫满是落叶的庭院?
> 首先用草耙把地清理得一干二净。
> 然后,摇晃其中一棵树,好让少许树叶掉落。
> 这就是侘寂。

庭院落叶被扫得一干二净可以理解为一种完美、极致的状态,扫干净之后再摇落一些树叶到庭院里,打破了这种极致的状态,却变得更加自然。"侘寂"就是这样一种状态,不完美也是一种美,瑕疵反而能让人跳出形式的框架,因为美不一定来自形式的完整,淳朴自然和原始粗犷的不完整之中、因时光流逝而产生的磨损之中,也可能存在美。"侘寂"的理念使人对美有更别致的体悟。

4.强迫症美学:"内容引起极大舒适"

如今,那些能满足用户"强迫症"的内容,往往被认为能引起人们的"极大舒适",从而受到用户喜爱。比如美国导演韦斯·安德森(Wes Anderson)的电影,就因为运用了大量的对称构图和明亮的色彩而广受喜爱。他对于色彩的执着和对于空间的精密切割,使电影的每一帧都能让"细节控"叹服,甚至形成了一种韦斯·安德森式的对称与色彩美学,其影响范围还渗透到了餐厅装潢、家居设计、广告、摄影及服装设计领域。

美国著名导演斯坦利·库布里克以"单点透视"构图而著名。"单点透视"又叫作平行透视,是指在透视的结构中只有一个透视消失点,简单而言,就是一种近大远小的构图方式。库布里克在电影中将"单点透视"法运用得炉火纯青,从而使画面更具立体感,视觉效果也更加突出,对观者而言不异于一场视觉盛宴。在库布里克的著名影片《闪灵》《奇爱博士》《2001太空漫游》中都能见到这般的镜头(如图4-1所示):

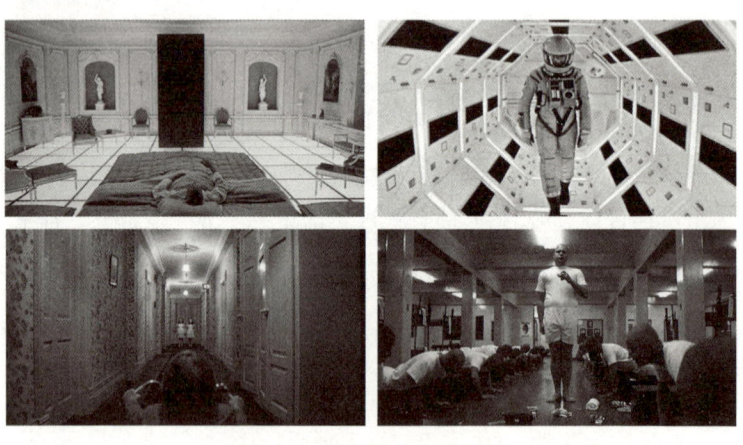

图4-1 库布里克电影剧照

这样的对称构图带有严肃、客观又冷漠的气质，让故事的阐释视角带有一种疏离感和理智感，很适合渲染恐怖窒息、迷茫未知的情绪。

这种带有强迫症般的极致美学风格，本质上可以为用户带来一种"掌控的安全感"，从而产生治愈作用。日本东京一家名为PIGMENT TOKYO 的画材用品商店就曾将这种"强迫症美学"发挥得淋漓尽致。当用户走进这家店，会看到整齐陈列在一整面墙上的 4200 多种颜料瓶，并且这些颜料瓶都按色系进行了排列，产生了令人极度舒适的渐变效果。不仅如此，还有 600 多种画笔被整齐地挂在墙上，给人的视觉感受就如同对眼球进行了一次愉悦的按摩。

日本的圆珠笔品牌百乐笔在其广告设计中也采用过异曲同工的"强迫症美学"，通过视频去展现一支圆珠笔笔触的顺滑，如同多米诺骨牌一推就接连倒下，如同撑竿跳高运动员轻松越过横竿，如同过山车沿陡峭轨道下滑，整个视频看上去一气呵成，令人神清气爽之余也感受到圆珠笔流畅顺滑的特点。

就像用户喜欢观看锋利的刀片瞬间削过肥皂，喜欢听肥皂块掉落时令人舒适的白噪声，这类 ASMR 视频的流行也给用户带去了轻松愉悦的体验。据《泰晤士报》说，对于一些人来说，看ASMR 类视频给神经带来的放松效果可能比一次睡眠更佳。

许多品牌也开始利用这类感官营销，让用户沉浸在一种放松、舒适的状态之中。研究 ASMR 的专家克雷格·李察（Craig Richar）认为，营销的表现形式应该从以往的高声喧哗转向轻柔与舒适，因为人们需要安抚和慰藉。

麦当劳就曾推出过一支能"引起极大舒适"的 3D 视频广告片《松软的世界》，视频是为当时的新品麦满分汉堡量身打造的，画面展现了鸡蛋掉落、弹跳在柔软的软垫上，蛋白与蛋黄严丝合缝地镶嵌到一起，培根切片被整齐地切成薄如蝉翼的薄片的情形。视频画面中出现的物品都是柔软顺滑的，让人看了感到过瘾，也能让用户感受到麦满分汉堡柔软顺滑的口感。

无论是极具现代气息的极简之美、强迫症美学，还是颇具古典风格的余味之美和侘寂之美，审美的背后都隐藏着人们的某种心理需求，在审美中，人们获得感悟、治愈或放松。通过不同类型的美与不同需求的用户进行沟通，用美去消解用户对广告内容的天然抵触，或许可以更加优雅，也更加有效。

对于文案创作者而言，对文字的审美能力是必需的。就像作家王小波在谈自己在文学上的师承时，提到过自己在 15 岁阅读不同外文诗歌译本时，感受到其间的差别，就懂得了什么样的文字才能叫作好。到了他将近 40 岁时读到王道乾先生翻译的玛格丽特·杜拉斯的《情人》，又感受到"小说可以达到什么样的文字境界"，《情人》开篇的一段译文是这样的：

> 我已经老了。有一天，在一处公共场所的大厅里，有一个男人向我走来，他主动介绍自己，他对我说："我认识你，我永远记得你。那时候，你还很年轻，人人都说你美，现在，我是特为来告诉你，对我来

> 说，我觉得现在你比年轻的时候更美，那时你是年轻女人，与你那时的面貌相比，我更爱你现在备受摧残的面容。

这段文字不仅字面优美，也体现出主人公的无限沧桑，故被王小波认为是上乘的文字，他还表示，文字是用来读、用来听，不是用来看的，如果不懂这一点，就只能写出充满噪声的文字垃圾。思想、语言、文字，是一体的，假如念起来乱糟糟，意思也不会好。

想要提升对文字的审美，文案创作者也不妨多阅读那些优质的译本，通过长期的熏陶，提升自己对文字的领悟力和掌控力。

第 5 章

情绪的撩动

《文心雕龙》的第三十一篇，主题叫"情采"，主要论述的是文字的内容与形式之间的关系。"情"就是情理，指文章蕴含的情感与思想，"采"就是文采，指文章的表现形式。在这一篇中，刘勰提出了"为情而造文，而非为文而造情"的观点，即作者写文章应是因感情、思想而发的，而不是为了写文章去捏造情绪。文章如果只有繁丽的文采，而缺乏真挚的情感或深刻的思想，是"味之必厌"的，也就是读起来会令人生厌。

前面两个小节重点探讨撰写金句和标题的方法，介绍了一系列用文字技巧来为文案增色的方法，在这一章中，我们将回归文字的"情采"，让文案创作可以满足"为情而造文"这一准则。只有真正拥有了情绪的洞察和观点的提炼，文字技巧才能起到锦上添花的作用，内容才能真正引发用户的共情，从而提升文案的自传播力。

毕竟对于文案创作者而言，仅有文采是不够的，还需要有情采。文采的作用是修饰语言，而内容中的情感和思想观点才能真正体现文章的巧思。这就要求我们去学会用内容体现真挚的情感，表达细微而深刻的洞察，提炼不平庸的观点，甚至，这也需要文案创作者去拓宽生活的体验，才能真正捕捉到那些隐藏在表象之下的情绪涌动，去引发用户的共鸣。

哪些对情绪的捕捉和洞察，能够帮助我们提升内容的情采呢？接下来将从 3 个角度进行剖析。

5.1 戳中"泪点"

泪点,是指让人流泪的一个阈值。那些能够戳人泪点的内容,往往都是自发真情的内容,只有精准地洞察到了用户心中的某个情绪点,引发了强烈的共鸣,才能达到催泪的效果。当文案拥有洞察情绪、戳人泪点的能力时,其情采也随之诞生。

在 2019 年 1 月,一支名为《啥是佩奇》的商业短片一夜之间刷屏,并在上线 2 天的时间内获得 15 亿次点击。这支短片是当时的春节档电影《小猪佩奇过大年》的预热宣传片,短片时长不到 6 分钟,讲述了一个居住在乡下的老人为春节过年回家的孙子筹备礼物的故事。当孙子在电话里提出想要"佩奇"时,这位老人并不知道"佩奇"到底是什么,他问遍了村里的人,最后用一只鼓风机制作了一个钢铁版的小猪佩奇。

一部商业短片能取得这样的播放成绩,在内容上必然有可圈可点之处。《啥是佩奇》最大的特点,就是在春节这样一个特殊的时间节点,用一位老人质朴的亲情打动了用户,戳中了无数人的"泪点"。小猪佩奇是风靡世界的卡通形象,深受孩子们的欢迎,但居住在乡下的老人却并不知道它的存在,因此在接到孙子的"需求"时,他有些无所适从,短片内容在这里就产生了矛盾和反差。老人问了村里许多人,执着地寻找着答案,有人告诉他佩奇是"猪,红的",他差点没把村里养的活猪刷红了,最终才在别人的指导下用一只"长得像佩奇"的鼓风机做出了一个钢铁佩奇。

可以看出,《啥是佩奇》这部短片在渲染亲情的手法上使用的并不是传统路数，而是利用山里老人和城里孙子之间的"认知差异"，制造出一种具有反差感的黑色幽默效果，但同时自始至终都抓牢了"亲情"这一根主线，让用户看完后被爷爷真挚又略显笨拙的感情所感动，达到一种笑中有泪的效果。整部短片中，没有出现一句表达爱意的台词，没有华丽的镜头和昂贵的道具，却自始至终都洋溢着朴素又深厚的情感，那个用鼓风机制作而成的佩奇成了爷孙两代人之间情感的"纽带"，也激活了无数观众关于亲情的记忆和情绪。《啥是佩奇》这样的内容，就是典型的"因感而发"的内容，这样的内容往往更容易戳中用户的泪点，从而引发较广的传播。

在文案创作领域，也不乏戳人泪点的作品。文案大师戴维·阿伯特（David Abbott）曾为芝华士写过一段父亲节长文案：

> 因为我已经认识了你一生
> 因为一辆红色的RUDGE自行车曾经使我成为整条街上最幸福的男孩
> 因为你允许我在草坪上玩蟋蟀
> 因为你有一回腰上围着抹布，在厨房里跳舞
> 因为你总是为我掏出支票本
> 因为我们的房子里总是充满书和笑声
> 因为你付出无数个星期六的早晨来看一个小男孩玩橄榄球
> 因为你坐在桌前工作而我躺在床上睡觉的无数个

夜晚

因为你谈论性启蒙话题从不使我难堪

因为我知道你的皮夹中有一张褪了色的关于我获得奖学金的剪报

因为你总是让我把鞋跟擦得和鞋尖一样亮

因为你已经38次记住了我的生日，甚至比38次更多

因为我们见面时你依然拥抱我

因为你依然为妈妈买花

因为你有比同龄人更多的白发，而我知道是谁让它们生长出来的

因为你是一位了不起的爷爷

因为你让我的妻子感到她是这个家庭的一员

因为我上一次请你吃饭，你说麦当劳就很好

因为在我需要时，你总会在我的身边

因为你允许我犯自己的错误，而从没有一次说"让我告诉你怎么做"

因为你依然假装只在阅读时才需要眼镜

因为我没有像我应该的那样经常说谢谢你

因为今天是父亲节

因为假如你不值得送芝华士这样的礼物

还有谁值得

这段文案以一个儿子的口吻，描述了 22 个给父亲送芝华士作为礼物的理由，比如童年时期父亲赠予的红色自行车，比如父亲观看儿子玩橄榄球、放任儿子玩蟋蟀，比如父亲把儿子褪色的奖学金剪报放在皮夹中、依然为妈妈买花、假装只在阅读的时候才需要戴眼镜……这组文案就像一粒熠熠生辉的钻石蕴含了无数个切面，每一面都反射出父爱的光芒，在文案中塑造出一个疼爱家人、懂得教育子女、努力工作、不肯承认自己衰老的父亲形象，同时也写出了儿子"没有像我应该的那样经常说谢谢你"，淡淡的愧疚感弥漫在文字中，更能戳中人心，毕竟，这是许多子女与父母相处的现实：父母的付出，总是比子女多得多。这样的文案是"因情而发"的，加上文案使用了许多细节、许多维度去塑造父亲的爱，情采与文采兼具，这样的文案格外能引发读者的共鸣，达到催泪的效果。

5.2 纾解压力

压力，堪称当代人的"时代病"。工作群里 24 小时不停歇弹出的消息、互联网上铺天盖地的负面新闻、每个月各种还款期限……大部分人每天都处在各式各样的"小型崩溃"中，这些问题不要命，但会让人很烦心。因此，除了催泪的内容，那些能够戳中用户疲惫心灵痛点的情绪，也很容易引发人们的共鸣，并在一定程度上起到治愈和纾解压力的效果。

日本的川柳大赛中，就涌现出了许多戳中成年人内心的句子。川柳是日本的一种诙谐讽刺短诗，比俳句更自由，让创作者可以用较短的文字较为自由地表达自己的心声。在川柳大赛中，就有许多描写成年人生活中的辛酸的句子。工作、家庭、婚姻、恋爱、健康，处处都充满压力，处处都不能放松，这些短诗以一种幽默轻松的口吻将生活中的压力娓娓道来，让读者在体味到辛酸的同时，也产生一种"原来不是只有我一个人是这样啊"的心情，从而产生共鸣与治愈感。

比如以下三首描写上班族压力的短诗：

你今天来得好早啊
不
我昨天来的

给新人派活儿
他还给你
两倍的工作量

又开会了
今天的会议主题是
如何减少无意义的会议

通宵加班让同事误以为自己上班到得早、新人解决不了问题反而让工作量变得更大、冗长低效没完没了的会议，这些是工作忙碌的职场人士或多或少都经历过的"扎心"时刻，这些川柳诗用朴实无华的小短句勾勒出职场人士的焦虑，同时又加入了幽默与自嘲的成分，比如通宵加班后"收获"了同事的误会，比如开会的主题是"如何减少无意义的会议"，这些细节都充满情采，读来让人啼笑皆非，也让这些短诗更值得细嚼。

又比如那些描述都市女性的心声与焦虑的句子：

每过一年
化妆的时间
就多五分钟

人生第一次壁咚
竟然是在满员电车里
被不认识的大叔

化妆的时间随着年龄的增加变得越来越长，通勤拥挤的交通打破了人与人之间的舒适距离，都市女性的压力指数也在与日俱增。从年龄和私人空间的痛点切入，这样真情实感的感悟会容易获得女性的共鸣。

还有中年人关于婚姻、家庭、房子的"吐槽"套餐：

所谓夫妻
就是在各自的波长内
相互放养

吵架的时候
我才体会到
妻子的记忆力

申请房贷时
悄悄看了一眼
我的生命线

夫妻之间的相互"放养"、与妻子的日常争吵（通常以吵架失败告终）、有生之年都不一定能还清的房贷……这些"镜头"直指中年人生活的压力，经历过的人都会触发共情。但这些小短句又用文字技巧，把沉甸甸的压力消解在自嘲的黑色幽默里，辛酸中带点有趣，读来有种治愈的效果。

又比如以下这组老年人创作的川柳金句：

让大家都舒心的秘诀
就是
不要讲话

"啊——张嘴"
以前是恋爱
现在是护工来喂饭

需要反复确认的
原来是爱情
现在是睡着时的呼吸

  少说话才能让大家都开心、生活已经不能自理需要护工来喂饭、睡着时还需要反复确认呼吸，老年人的生活中，辛酸与智慧并存。这些句子妙就妙在，用一种充满智慧和幽默的口吻，举重若轻地讲出那些看似"不足为外人道"的生活细节，读来又真实又震撼，同时也会被创作者的乐观精神打动。这样的内容，都是有感而发的，蕴含着满满的情绪和生活感悟，再用适当的文字技巧加以修饰，动人的效果就十分显著了。

  下面这一组老人短诗，甚至颇有"童真"的趣味：

曾孙子问我
有没有见过
恐龙

理想型是比我大的女性
现在
已经没有了

翻动 iPad 时
总要习惯性舔下手指
孙子怒了

　　年纪已经大到让曾孙子误认为自己曾见过恐龙、比自己年纪大的理想型在这个世界已经不存在了、翻动 iPad 时总要像过去翻书那样舔手指惹得孙子生气……年龄的增长，带来越来越多的生活冲突，让人啼笑皆非。

　　这样的内容，无不展现出当代人生活中方方面面的压力与挫折，它们之所以感人，就因为它们都是"因情而发"的内容，展现着各种年龄、各种身份的人所面临的真实问题，这样的情感和情绪很容易引发用户的共情。同时，这些句子也适当地使用了文字上的技巧，运用比喻、对比等修辞手法，或者为内容注入幽默和自嘲的情绪，让这些真情实感的抒发变得举重若轻，回味悠长，不仅展示了真实的焦虑和压力，也让这些原本负面的情绪蒙上了一层人情味和幽默的智慧，产生一种别样的悠长回味效果。

5.3　糖分制造机

生活有点苦，需要来点甜。那些能够挖掘出生活的"糖分"的文案，往往很容易击中用户的内心，带去治愈与希望。

王小波的书信集《爱你就像爱生命》中，就有许多又甜又有趣的句子，让许多年轻人赞叹不已：

> 男孩子们都喜欢女孩子，可是谁也没有我喜欢你这么厉害。我现在就很高兴，因为你又好又喜欢我，希望我高兴，有什么事情也喜欢说给我听。我和你就好像两个小孩子，围着一个神秘的果酱罐，一点一点地尝它，看看里面有多少甜。你干过偷果酱这样的事儿吗？我就干过，我猜你一定从来没干过，因为你乖。
>
> 静下来想你，觉得一切都美好得不可思议。以前我不知道爱情这么美好，爱到深处这么美好。真不想让任何人来管我们。谁也管不着，和谁都无关。告诉你，一想到你，我这张丑脸上就泛起微笑。
>
> 银河，你好！做梦也想不到我把信写到五线谱上吧？五线谱是偶然来的，你也是偶然来的。不过我给你的信值得写在五线谱里呢。但愿我和你，是一支唱不完的歌。

> 我把我整个的灵魂都给你，连同它的怪癖，耍小脾气，忽明忽暗，一千八百种坏毛病，它真讨厌。只有一点好，爱你。

把爱情比作两个小孩子围着神秘果酱罐一点点尝它的甜，一想到对方自己的丑脸上就泛起微笑、把情诗写在五线谱上祝福两个人是一支唱不完的歌、灵魂有一千八百种坏毛病只有一个优点就是"爱你"……在王小波的笔下，爱情又真诚又甜，是两团思想的碰撞和融合，在流行微信传情的当下，让读者感受到恋爱的另一种方式，热恋中的人群想必也能从中获得共鸣。

许多作家都是优秀的"糖分制造机"，比如沈从文在给张兆和的信中写道：

> 我就这样一面看水一面想你。我快乐，我想应同你一起快乐；我闷，就想你在我必可以不闷；我同船老板吃饭，我盼望你也在一角吃饭。

快乐时想和对方分享，烦闷时觉得如果对方在身边就不会这么闷，和其他人吃饭时希望对方也在场……沈从文的文字很简单，描绘的场景很普通，没有风花雪月的场景，没有情意浓浓的告白，只是简单的"一面看水一面想你"，却格外真挚动人，可以说是"情到深处自然甜"了。

在商业文案领域，也有不少品牌利用"甜"这一情绪，去撬动用户的好感度。网易严选就曾为旗下产品撰写过一组"情诗"：

咳嗽和爱情都无法掩饰，月亮和你都想要摘掉。（皇室御用超柔浴巾）

不爱是一时的解脱，爱是一世的折磨。（牛皮十字纹皮带）

凤梨是黄的，覆盆子是红的，糖是甜的，你也是。摘不下星河，只能将生命的长河献给你。（双人床星空香氛喷雾）

每一句文案，都融入了网易严选一款产品的特征。"咳嗽和爱情都无法掩饰，月亮和你都想要摘掉"，就用"月亮"这一意象让"浴巾"这个产品清新了很多；"不爱是一时的解脱，爱是一世的折磨"，用"解脱"点出皮带的特性；"摘不下星河"，但能用网易严选的星空香氛喷雾给恋人一条芬芳的长河。这一组文案寓情于物，可以说颇具情采了。

一家甜品淘宝店为店里的朗姆酒巧克力味马卡龙写的文案是

这样的：

> 在被朗姆酒浇灌过的巧克力面前，
> 没有冷若冰霜的女人。
> 黑色是浓郁。朗姆是给"沉默的深沉"最热烈的一击。
> 巧克力负责陈述情愫本身。朗姆，海盗之酒，负责给爱一个咏叹调。
> 欢迎来到黑巧克力五颜六色的味觉世界。

巧克力，原本就是一种与恋爱情愫紧密相连的食物，朗姆酒则象征着海盗与自由，"在被朗姆酒浇灌过的巧克力面前，没有冷若冰霜的女人""朗姆，海盗之酒，负责给爱一个咏叹调"，文案巧妙地将食物、美酒与女性、爱情连接起来，甜蜜又撩人，让人忍不住一尝这款朗姆酒巧克力味甜点的滋味。

另一款苦水玫瑰味的甜点，文案是这样的：

> 人们用玫瑰指代爱情。
> 因为娇艳的花骨朵，是兴奋，激荡，惊喜，感动，还有心花怒放。
> 爱情的指代，应当是玫瑰背后的荆棘。
> 伤心，痛苦，失望，落寞，
> 心灰意冷后依旧护着花朵浇灌如初。

> 受伤了的陪伴才是爱情。
>
> 玫瑰最柔软之处，是那荆棘。

玫瑰是双面的，有花瓣的娇艳和怒放，也有荆棘的痛苦和落寞，就像爱情那样。一款苦水玫瑰味的甜点，文案中甜蜜与苦涩夹杂，描写出了甜点的味道，既美味又能戳中人心。

文因情而生姿，因情而动人。那些"走心"的文字，往往也是具有情采的文字。想要写出有情采的文字，创作者需要在日常生活中做一名有心人，细心地观察和收集那些可以引起人们共鸣的事物，将它们进行提炼和表达，这才是写出情采盎然文字所需要的基本功。

第6章

灵感的养成

知名作家史蒂芬·金认为，写作是一件孤独而艰难的工作，就好像是乘坐浴缸穿越大西洋——即便他的小说在全球卖出超过3.5亿册。

在本书的前几章中，介绍了帮助文案创作者去管理文字的技巧，在这一章中，我想要谈谈那些可以帮助文案创作者管理自己的技巧。这些技巧相当重要，它决定了我们在写作这条路上能走多远、能到达怎样的目的地。

6.1　文案创作的三道难关和七个技巧

几乎所有以写作为职业的人，都会遭遇以下三个阶段性困境：一开始是不知道如何下笔的"迷惘期"，接着是写太多反而"没感觉了"的"倦怠期"，再往后是能力配不上野心的"瓶颈期"，最后才能抵达"柳暗花明，海阔天空，写什么都很顺利"的境界。

如果把文案创作比作一场打怪升级的游戏，那么上述三个困境就是我们必须穿越的三个"关卡"。每个"关卡"的雷区截然不同，文案创作者想要成功通关，就需要一份写满实用技巧的"攻略"。以下七个技巧，欢迎身处不同阶段的文案创作者对号入座进行取用。

1. 迷惘期：主动感染"信息焦虑症"

文案创作者进入迷惘期的一大特征就是：脑袋空空，笔头空空，不知道写什么，也不知道怎么写。很多时候，我们会认为自己是因为缺乏文案创作技巧才陷入这样的僵局，却忽略了一个更致命的原因：我们根本就没有建立一个健康的信息"输入—输出"循环系统。

对文案创作者而言，保持庞大的信息摄入量是必需的。幻想一下，每个人的脑中都有一座信息"蓄水池"，如果只会一味地放水而从不蓄水，那它势必难逃空空如也的命运。用一句古诗来说就是，"问渠那得清如许，为有源头活水来"。

不带任何美化或矮化意味地讲，文案的一大任务就是输出信息，并按照消费者容易且乐于理解的形式去"翻译"、传达信息。一个患有"信息焦虑症"、每天能够保证大量信息摄入的文案创作者，一定具有更强的从庞杂信息中抓取真正有增量、有价值信息的能力，也拥有更强的屏蔽噪声的能力，他们对文字的敏感度和理解力也会更高。

在文案创作的初期，"信息焦虑症"能帮助我们有效地拓宽视野，积累创作素材，具体技巧有二。

技巧一：建立系统、高效的信息获取体系

互联网时代，海量的信息就这样乱糟糟、闹哄哄地摊开在我们眼前，埋藏在各种网页中的超链接让我们可以在信息之间轻易地跳跃，如果我们的脑中没有一张清晰的地图，就很容易迷失在芜杂信息的岔路中。

"信息焦虑症"并不意味着毫无章法地摄入信息，而是需要建立系统、高效的信息获取体系，帮助我们以更低的时间和精力成

本获得真正有价值的信息。

对于如何给信息分类，杜威十进图书分类法（Dewey Decimal Classification，DDC）提供了一种略显简单粗暴但被广泛采用的方法，目前美国 95% 的公立学校图书馆和全球 20 万个图书馆都使用着杜威十进图书分类法系统。

麦尔威·杜威是一名美国图书馆专家，他发明的分类法将图书分为 10 个大类，包括哲学、宗教、社会科学、科技和应用科学、艺术和创造等。10 个大类之下又细分为 100 个中类及 1000 个小类。

对于文案创作者而言，杜威十进图书分类法给我们提供了一种构建信息体系的思路。由于在我们的职业生涯中会服务于不同的行业和产品，因此必须学会高效、快速地了解某个行业、产品的相关信息。比如，当我们要为一款英文学习 App 撰写文案时，我们可能需要补充一些语言学类别的知识，当我们要为一款空气净化器撰写文案时，则需要学习应用科学类别的相关知识。

总之，建立了清晰的信息体系之后，我们就知道该去哪个大类中寻找需要的信息了，无论是在线下的图书馆还是线上的图书购物网站、行业资讯网站，都能快速找到准确的信息。

技巧二：积累小众冷门的知识增量

平庸文案的一大特征，就是总是在说"正确的废话"，传递的是陈旧、乏味的信息。想要让文案变得更有意思，不妨试试在其中加入一些小众但有趣味的知识增量，比如：

> 所有哺乳动物一生的心跳次数基本相近,都在 15 亿次左右;
> 西蓝花、血管网络、河流、海岸线和山脉都在按照"分形"原则"生长";
> 鲸死去后,其尸体会在海里滋养出一个生态系统并持续运转 100 年之久;
> 年轻人平均每天查看手机的次数达 85 次……

这种信息的优势在于能让用户产生一种获得新知识的成就感。

2. 倦怠期:提升文字的"代谢率"

当你面对文字就像面对结婚七年的配偶那样"无感"时,说明你已经进入了文案创作的"倦怠期"。这是一个危险的信号,因为"无感"是一种比迷茫、焦虑、痛苦更可怕的状态,它让人失去驱动力,让文案创作水平停止进步。

处于倦怠期的文案创作者,最重要的事情是振奋写作的精神。也就是说,我们必须想办法给自己打鸡血,给写作这一行为添点趣味,这里有两个技巧和大家分享。

技巧三:建立写作的"仪式感"

在写作之路上苦苦挣扎的,永远不止你一个人,即使是那些高产且拥有高质量作品的著名作家们也不例外。为了让自己能长期保持高昂的写作劲头,他们发明出了千奇百怪的写作"仪式"——

海明威喜欢站着写作，因为这样可以迫使他尽可能简短地表达他的思想。此外，他总是在写得最尽兴的时刻停笔，这样做是为了避免第二天遭遇"灵感便秘"。

每天勤奋写作 13 小时的巴尔扎克是位咖啡狂魔，他每天饮下 50 杯咖啡，而且专喝浓烈的、不加奶和糖的土耳其咖啡。

《蒂凡尼的早餐》的作者杜鲁门·卡波特从不在星期五开篇或完稿，烟灰缸里的烟头不能多于 3 个，并且他是个"完全的横向作者"，也就是必须横躺在床上或沙发上才能顺利写作。

作家们用各种"仪式"刺激写作的欲望，文案创作者们也可以借鉴，不需要那么极端，给自己创建一个"写作必听灵感泉涌歌单"、给自己准备一个"灵感手抄本"、购入一只能发出复古打字机声响的机械键盘、找一个最舒适的写作角落，或许都能让创作文案这件事变得更有趣、更酷一些。

技巧四：跳出文字的边界

当文案创作进入倦怠期，不妨彻底跳出日常的文字边界，用"跨界"的方法去寻找灵感。除了文史哲类的书籍，一些自然科学类的书籍、纪录片乃至电影，都能给我们提供许多清新解腻的词汇与句子，带给我们新的灵感。

比如 BBC 出品的纪录片《地球脉动》，就这样介绍了一种叫作"巢鼠"的小生物：

> 草类有着惊人的生长力，从冒新叶到开花只需几天时间。草成了微小的果树，对于居住在草丛中的生

> 物而言，这片草地广袤和高耸如同雨林一般。爬草，可比爬树困难多了，尤其因为草茎来回摆动。巢鼠的尾巴就像是第五肢，能抓住物体，令它爬草犹如猴子爬树一般敏捷。同时，它能像看地图那样，读懂头顶草茎的纹理，从而找到回家的路。

解说文案充满画面感和青草气味，即使不看画面，观众也能在脑中勾画出一只肥软灵活的巢鼠在草丛中忙碌跳跃穿梭的模样。

又比如在讲述中国烧烤文化的纪录片《人生一串》中，可以看到许多散发着烟火气息的野性文字：

> 啃羊蹄儿的时候，你最好放弃矜持，变成一个被饥饿冲昏头脑的纯粹的人。皮的滋味，筋的弹性，烤的焦香，卤的回甜，会让你忘记整个世界。眼里只有一条连骨的大筋，旋转、跳跃，逼着你一口撕扯下来，狠狠咀嚼，再灌下整杯冰啤，"嗝——舒服"，剩下一条光溜溜的骨头，才能最终心静如水。

处于倦怠期的文案创作者，只有跳出日常工作所接触的领域和词汇，才能拓展文字的边界，不断获得新的刺激与启发。

3. 瓶颈期：警惕"文字障"的陷阱

佛教有种说法叫"文字障"，意思是说学佛者在阅读佛经时过于执着于文字，让文字从一种载体变成了一种障碍，导致不能透过文字去参悟真正的佛理。

对于文案创作者，尤其是那些已经掌握了不少创作技巧、处于瓶颈期的创作者而言，"文字障"同样是一个危险的陷阱。随着各种文案创作技巧的普及，许多文案创作者也从一个极端走向另一个极端：从"毫无章法"变成"用力过猛"。

但就像日本著名家居品牌无印良品（MUJI）的理念不是"这很好"而是"刚刚好"一样，真正优秀的文案创作者懂得拿捏文案的尺度，不强求极端，而是懂得适度与留白，因为只有尺度拿捏妥当的文案，才会让用户感到舒适，并且把注意力真正放到产品和品牌上，而非陷入文字创造的迷雾与陷阱中。

比如某啤酒广告的文案为：

> 记得当时血气方刚，
> 年少轻狂，
> 不问明日归处，
> 只谈杯中酒香，
> 兄弟在旁。

看得出文案创作者文字功底不差，也试图让文案抓人眼球，但作为一款啤酒的广告文案，就显得有些矫饰过多，用力过猛，不比红星二锅头"将所有一言难尽一饮而尽"，寥寥几笔道尽热血兄弟情。

具体应该怎么做，才能让你的文案突破瓶颈期，让能力配得上自己的野心呢？

技巧五：将形容词、副词剔除干净

现在请你幻想自己是一名严格的外科医生，戴上塑料白手套，拿起手术刀，像将一条多刺的鱼中的鱼刺剔除干净那样，将你文字中那些啰唆、不知所云的形容词和副词都干掉吧。

京东曾推出过一组主题为"带电新人类"的产品宣传海报，文案就不含多余的形容词、副词，而是以简单直白的文案将产品功能、人群洞察串联在一起。

比如水下无人机的文案为"看看这个世界水多深"，阐明了产品潜入水中进行拍摄的功能，而且整个文案的口吻也与水下无人机的目标人群（喜爱"黑科技"产品的"带电新人类"）探索世界的不羁精神相契合。

无线挂耳式骨传导耳机的文案为"听什么都要过脑子"，体现了耳机"骨传导"的产品特点，同时也映射出"带电新人类"较真、有追求的理念。这样的文案清爽干净，剔除了形容词和副词也能将产品信息完整地传达给用户。

技巧六：慎重模仿歌词、段子

现在似乎有一种流行的说法是"如果你写不出文案，那就学一下××写的歌词/××写的段子吧"，可是歌词毕竟是用来唱的，段子是用来博人一笑的，这两种体裁的创作初衷和原理都和广告文案有很大区别。不可否认，这三者之间有一些基础的、共通的写作技巧，但有着本质的区别。广告文案创作者的功课应该是老老实实地琢磨产品、思考沟通策略、打磨文字，而不是拾人牙慧。

技巧七：好文案就是好"翻译"

在商业广告中，文案在很大程度上扮演着"翻译"的角色，即将品牌主想要传递的信息翻译成用户喜闻乐见的信息。比如当你要向用户推荐一款粉扑专用清洁液时，你想传递的主要信息是"粉扑用久了会很脏，需要定期清洗"，而用文案"翻译"后就是"粉扑5天不洗，就比马桶圈还脏"。

又比如要想向用户推销一款售价15元的线上课程，想要传递的核心信息是"学习充电可以提升自己，且课程便宜"，用文案"翻译"之后可能会是"用一杯奶茶的价格买下这节课，让你的思想长肉，而不是腰上长肉"。翻译的基本原则是"信、达、雅"，即准确、通顺、优雅，在文案的创作中，这也是值得参考的一个准则。

6.2　像深潜一样思考

《浅薄：你是互联网的奴隶还是主宰者》一书的作者尼古拉斯·卡尔认为，纸媒时代我们获取信息就好像戴着潜水呼吸器，在文字的海洋中缓缓前进，而在互联网时代，我们就像一个个摩托快艇手，贴着水面呼啸而过。

在信息爆炸的新媒体时代，我们的注意力更是被各种眼花缭乱的信息撕扯为碎片，思维模式也变得日趋"浅薄"。我们习惯于消费标题夺目的短文章，手指不停划过背景音乐和创意都模式化的短视频，这让人感到轻松，几乎不需要动用什么脑力。在分工日益精细化的商业社会，"我负责拧紧这枚螺丝""你负责安装弹簧"的流水线工作模式，在利用结构化提升效率的同时，也降低了人们深度思考的必要和能力。深度思考已经成为一项稀缺的能力。对文案创作者而言，让自己的思考从"浮潜"变为"深潜"，也是我们在提升写作能力过程中的一项必修课。大脑思考得越深，在写作之路上就会走得越稳。

1. 流水线式思考 VS 深度思考

流水线式思考和深度思考是完全不同的过程。在日常的思考过程中，人们大部分时候会依据自己的经验、直觉去做判断。比如当我们面前忽然出现一只未知的生物时，我们会把它和心中已经知道的概念做匹配，思考的过程就是我们通过自己的经验去判断这是什么生物，"这是一只猫、狗，还是狐狸"。而"深度思考"则是在头脑中反复思考"这是什么"，在脑中形成一个新的概念。对于一个擅长深度思考的人而言，即使面对已知的事物，也会去挖掘发现它新的一面。

浅度的思考模式往往是一种流水线式思考，它的过程是"面对问题—用常规的方法去审视问题—用既有的经验、直觉或方法去解决问题",流水线式思考是相对便利和快捷的,它带着"用这个就能解决"的盲目自信,但这样的便利和快捷会剥夺进入深度思考的可能,它会让我们很难去全方位地剖析问题,在面临一些陌生的情况时,便会束手无策。深度思考要求我们强化思考这一过程本身,对"只需一个方法就能解决所有问题"的习惯说不,跳出陈规去审视问题并不断寻求全新的解决方法,在深度思考的过程中,我们会不断地进行自我挑战,大胆地怀疑自己,坚定地肯定自己,越来越走近问题的本质。

《福尔摩斯探案集》的作者柯南·道尔曾这样描述他对思考的认知:"人的脑子本像一间空空的楼阁,应该有选择地搬一些家具进去,只有傻瓜才会把他碰到的各种各样的破烂杂碎一股脑装进去。"在信息爆炸的时代,深度思考的能力就像一道可以过滤低质量、碎片化信息的阀门,帮助我们减少无效信息的干扰,去吸取那些真正有增量、有价值的信息,在此基础上去进行独立自主的思考和创新。

2. 训练"观察力肌肉"

进行深度思考的前提是我们观察到了足够的信息、素材,只有这样才能对其进行整理和判断。这需要我们拥有"观察"的能力。"观察"和"看"是两个完全不同的概念,"看"是被动地接收信息,而"观察"是主动的、有目的性的。

即使是面对同一个事物,不同的人的观察结果也会大不相同。有的人可以快速、深入且正确地抓住事物的主要特征,产生较深刻的认识,有的人反复观察后也只能抓住零碎、表层的特征。如何让观察力的"触角"由钝变锐?锻炼"观察力肌肉"可以帮助我们。

和通过肌肉锻炼获得雕塑般的人鱼线一样,"观察力肌肉"也是可以通过大量练习增强的。对大部分人而言,每天接触的世界其实只是一张粗糙的"草图",它的大部分细节是模糊的。比如当我们提起肯德基,大部分人的脑海中会浮现出一个白胡子老头的卡通形象,但很少有人能记得肯德基上校是不是戴了眼镜、有没有打领结。锻炼"观察力肌肉",就是让我们通过长期有意识的训练,快速、下意识地收集到各种细微的信息,为深度思考提供最全面的素材。

在《福尔摩斯探案集》中,夏洛克·福尔摩斯与华生医生初次见面,只是握了一下手,就判断出华生曾到过阿富汗,华生对此感到十分惊讶,后来福尔摩斯解释道,他看到华生具有医务工作者的风度,同时充满了军人气概,他脸色黝黑,但手腕的皮肤黑白分明,说明他天生的肤色并不黑,是刚从炎热的地方回来不久,同时华生面容憔悴,说明他久病初愈,左臂僵硬还受过伤,一个英国军医在热带地区历尽艰难还负过伤,在当时只有一种可能,就是他在阿富汗地区服役过了。

福尔摩斯从观察到得出结论,只用了不到 1 秒钟的时间,就是因为通过长期的练习,观察已经成为一种"肌肉"反应。对此,书中的福尔摩斯解释道:"由于长期形成的习惯,一系列的思索也立刻掠过我的脑际,因此在我得出结论时,竟未觉察得出结论所经过的步骤。"

在日常生活中，我们可以通过让大脑"练习素描"的方式来锻炼"观察力肌肉"。试着观察周围的一切，然后闭上眼睛，在脑海中把刚才看到的一切快速描摹下来。比如当我们走进一个公园，扫视周围，然后闭上眼睛，试着在脑海中还原刚才看到的一切：公园里栽种的是槐树还是榆树？湖边的座椅是木质还是铁质？椅子上的漆是什么颜色？刚刚擦肩而过的男孩牵的小狗是秋田还是柯基？今天是周末，公园里是否比往常更喧嚣一些？如果你发现自己并不能在大脑中还原一幅清晰的图景，那么说明在下一次的观察时，还需要更加留意。

唯有通过长期的"观察力肌肉"训练，才能让我们不至于被当代社会滚滚的信息洪流拍打得手足无措，唯有拥有了一副发达的观察力肌肉，我们才能将更多有价值的信息筛选、拌匀，置于大脑中，为深度思考提供源源不断的养料。

3. 直击问题的本质

锻炼"观察力肌肉"，目的是让我们能够高效地获取更多的信息，它是一个基础型的能力。而直击问题的本质，则是深度思考的一个核心能力。

在辩论综艺《奇葩说》中，有一期的辩题很有意思，叫作"高等生物的蛋该毁灭吗"，辩题的内容是，有一天地球上忽然降临了一颗高等生物的蛋，这种高等生物的文明程度是人类无法企及的，它可能孵化出帮助人类发展的友好生物，也可能孵化出人类无法与之抗衡的邪恶对手，关于到底该细心呵护这枚蛋还是该毁灭这枚蛋，辩手们发表了许多观点，比如"人类接受新事物才有了现代生活，因此该呵护蛋""高等生物对待人类也正如人类对待其他生物，不可能有真正的平等，因此该毁灭蛋"。但黄执中的观点是，这样的脑洞题就类似数学里的应用题，只是举了个例子，但真正要问的是某个问题的核心，而例子只是帮助人们理解问题而已，"高等生物的蛋该毁灭吗"这个问题的本质，其实是"当好奇心和安全感产生冲突时，该如何做选择"，"毁灭蛋"象征安全感，毁灭它就避免了一切未知的风险，而"呵护蛋"则象征好奇心，最后他从"好奇心是所有探索和尝试的动力，而安全感是它的敌人"这一角度出发展开辩论。

深度思考的过程，就是在掌握足够多的有效信息的前提下，一步步抽丝剥茧地接近问题本质的过程。在《麻省理工深度思考法：从模型及动力机制来思考现象》一书中，作者举过一个案例来说明流水线式思考与深度思考的差别：

> A公司和B公司是两家势均力敌的检测仪制造商。A公司的产品包装独特、设计新颖，B公司的产品样式简单粗糙，能看见配管、传感器等内部构造，两家公司的产品性能及价格等几乎没有差别。教授当时提出了这样的问题：5年后，哪家公司会得到更大的市场份额？

许多人在看到这个问题时，会认为包装独特、设计新颖的A

公司会在未来吸引更多用户，获得更大的市场份额，但正确答案却是 B 公司，因为该公司的产品"能看见配管、传感器等内部构造"，这能让用户根据自身的需求对产品进行加工，而 B 公司也通过吸收用户公司的加工创意，推出相应的新产品，让用户不断获得更好的体验，从而提升用户满意度，扩大公司的市场份额。

回答这个问题的关键，就是正确理解"机械制造商与用户公司之间的动力机制"及用户的购买动机问题。用户并不会为一款外观设计好看的机械制造产品而买单，如果不能从问题的本质出发，就会导出错误的结论，而本质才是引起问题发生的、隐藏在表象背后的真实原因。

在信息过载时代，大量的现象从我们眼前掠过，让事物的本质变得更加扑朔迷离、难以捉摸。深度思考就要求我们不囿于表象，而是从深处、从根处去剖析事物的本质。

6.3 绕开那些思维定式

想要实现深度思考，首先需要绕开那些阻碍深度思考的常见思维定式。

思维定式一：因果倒置

因果倒置是一种常见的思维定式，它是指人们经常用一个现象结果作为原因去进行思考。比如一款手机的销量不佳，这原本是一个结果，如果因果倒置去把这个结果作为原因去考虑，那么必然会让思维陷入"怎么让这款手机卖出去更多"的问题中，也许会做出降价促销这样的策略。但其实正确的思维流程应该是把"手机的销量不佳"作为结果去思考它的原因，即"是什么导致了这款手机销量不佳"，如果是更具革命性的新型产品已经出现了，那么正确的做法就是将这款销量不佳的手机停产，把经费用于研发新产品。因果倒置会导致我们无法洞悉隐藏在现象背后的原因，无法找到问题的正确答案。

思维定式二：满足于普通解

满足于普通解是指当我们遇到问题时，往往会使用过去曾用过的、普通的解决方案。满足于普通解会让我们思考的脚步停滞不前，无法寻求更新和更优解。

以"如何让用户成功瘦身"为例，普通解就是为用户推荐各式各样的课程，比如燃脂训练教程、减脂食谱、撸铁计划等，但Keep这款健身软件却认为用户无法成功瘦身的真正原因并不是"不锻炼"，而是"不能坚持锻炼"，三天打鱼两天晒网式的健身经历相信大部分人都有，但"坚持"才是最难解决的问题。

从这一洞察出发，Keep设计了健身打卡功能，激励用户每天完成课程练习后进行签到打卡，并且可以生成今日运动成绩发布到社交媒体，向身边的亲人朋友展示自己的健身进展，利用社交激励促使用户坚持运动，达到瘦身目的，也因此获得了亿级的用户。Keep的产品名也来自"坚持"这一核心洞察，这是经过深度思考的结果，这也是Keep能从无数健身软件中脱颖而出的关键,如果只是沉浸在普通解中,我们解决问题的方式就很难脱颖而出。

当我们在进行思考时,满足于普通解是一种轻松甚至是偷懒的做法,它看上去似乎足以解决问题或者说能解决一时的问题,但它通常是较为肤浅的解题方式,而非深度思考后得出的结论。在日常的工作和生活中,往往需要我们因地制宜、因时制宜地寻找解决方案,才能应对错综复杂且不断变幻的局面,而这一切都需要我们有意识地绕过思维定式,时刻提醒自己不要陷入满足于普通解的陷阱中。

思维定式三:依赖框架

为了更高效地思考,我们发明了许多框架和模型来辅助思考,比如SWOT模型、PEST模型、BCG波士顿矩阵等。这些思维框架的好处是显而易见的,它们可以帮助我们沿着比较清晰的路径去梳理某一份任务,但如果过于依赖这些框架,反而会阻止我们进行进一步的深度思考。

以SWOT模型为例,它通过四个维度分析企业的优势(strengths)、劣势(weaknesses)、机会(opportunities)和威胁(threats),这一模型的本意是让我们在一个较清晰的范围内去思考企业发展过程中需要面临的核心问题,我们可以从上述四个维度去收集信息,但很多时候收集、整理信息所带来的成就感会取代深度思考的成就感,这也是依赖框架这一思维定式的最大危险。

思维定式四：范围适应

范围适应也是一种十分常见的思维定式，它是指人们习惯于把问题局限到某一事物的分类里去。比如：

——这个人的报复心理也太强了吧！
——因为他是天蝎座啊。

这就是从事物的分类里寻找原因，而并非去深度剖析问题。范围适应是一种非常偷懒的思维定式，这种思维定式在职场上也很常见，"为什么A公司总是招不到优秀的人才？因为A是中小企业啊""为什么这次宣传推广并没有起到明显效果？因为钱少事多时间紧啊"。范围适应的思维定式最大的问题，在于找到了一个看似理所当然的答案，而没有将问题真正过脑思考，但这些看似理所当然的答案很多时候并不是问题的根源。

思维定式五：执着于初步假设

在着手解决许多问题之前，我们都会在大脑中预设一个猜想或假设，经过深度思考之后，我们或是可以印证它、更新它、丰富它，也可能是干脆推翻了它。但要是过分执着于初步假设，影响到后续的思考与判断，就会导致我们无法得出正确的答案。执着于初步假设也是我们思考过程中经常陷入的一个思维定式。对一个问题的假设，正常情况下是需要随着信息摄入的增加和思考的深入而不断变化的，执着于初步假设会阻断这一过程，导致思考停留在冰山一角，而无法发现答案的全貌。

以上五种思维定式，是大部分人在思考中会经常不自觉陷入的陷阱，我们唯有意识到自己的思维存在这些定式，才能在下一次的思考中避免这些错误，真正踏入思考的深水区。

6.4 打造属于自己的灵感制造机

没有灵感这四个字，就仿佛悬挂在创作者头顶的一柄利剑，随时都可能掉落下来，斩断创作的信心。然而许多时候，文案创作者的真实处境是"时间紧任务急"，根本没有时间等待灵感的蝴蝶落入自己的网中。灵感真的那么虚无缥缈、不可捉摸吗？在日常写作中，我们可以通过一些技巧和方法，来帮助自己训练一颗更有创造力的大脑，让灵感的迸发更频繁和容易一些。

方法一：概念合成

概念合成（Conceptual Blending）是产生创意和灵感的一个妙招。它是指大脑将来自不同认知领域的框架、结构和元素进行重组、混合和扩展的思维活动，通过对既有概念的"合成"，产生出创新的结果。许多新产品诞生的灵感都是"概念混合"的产物，比如古腾堡的印刷机灵感来自葡萄螺旋榨汁机，耐克运动鞋的方格形鞋底灵感来自烤华夫饼用的铁格盘，而尼龙扣的发明，则是瑞士发明家乔治·德·梅斯特劳看到宠物狗身上挂满的带刺苍耳后产生的灵感。

揽胜的一组地产文案，就使用了概念合成的技巧。

> 玛丽莲·梦露原先有 11 个脚指头
> 北京市区有一片森林比 19 个天安门还大
> 难以置信 却是真的

> "牛拉碾子轧牛料"是中文里最难快速朗读的话
> 北京市区有一片森林比 19 个天安门还大
> 难以置信 却是真的

> 70% 的人不可以放大缩小自己的鼻孔
> 北京市区有一片森林比 19 个天安门还大
> 难以置信 却是真的

让用户记住这一地产"坐拥一片和首都机场面积差不多的森林公园"，利用了"你永远不可能用舌头舔到自己的胳膊""玛丽莲·梦露原先有 11 个脚指头""牛拉碾子轧牛料是中文里最难快速朗读的话""70% 的人不可以放大缩小自己的鼻孔"与"北京市区有一片森林和首都机场的面积差不多"做联系，传递这些事情都"难以置信 却是真的"的事实。

方法二：局外人思维

创新往往发生在学科的边缘。局外人思维能让当局者突破思维的藩篱，从全新的角度用全新的方法找到灵感。19世纪比利时数学家阿道夫·凯特勒曾发现了一条关于创造力的"倒U形曲线"，他统计了剧作家们在不同人生阶段创作出的成功剧本数量，以此描绘了一张曲线图，发现剧作家的创造力并不会随着经验的增加而增加，在创作上的表现也不总是越做越好，曲线图显示当剧作家在经历了一个快速上升阶段后，总会出现一个持久且缓慢的下降阶段，整条曲线呈现倒U形。

心理学家认为，年轻人由于不受条条框框的限制，经常爆发出惊人的创造力与灵感，这与他们的局外人心态密不可分，当一位创造者开始复制自己的经验时，就越来越难超越自己了，因为他已经成了局内人。对文案创作者而言也是一样，当我们放下专业知识，去投身于另一个陌生领域的学习时，往往能扩大知识输入的范围，获得意料之外的新视角和灵感。

方法三：卡片记录法

《洛丽塔》的作者纳博科夫在他39年的创作生涯中，持续使用了一种写作方法：卡片记录法。这种信息记载的方式同样被他运用于蝴蝶分类研究上。作为一名鳞翅目昆虫学家，纳博科夫曾经建立了蝴蝶卡片数据库，方便做研究时的检索。

> 我现在发现索引卡片真的是进行写作的绝佳纸张，我并不从开头写起，一章接一章地写到结尾，我只是对画面上的空白进行填充，完成我脑海中相当清晰的拼图玩具，这儿取出一块，那儿取出一块，拼

出一角天空,再拼出山水景物,再拼出——我不知道,也许是喝得醉醺醺的水手。

纳博科夫通过卡片记录法快捷地储存和读取信息,也可以通过卡片的排列组合,获得意想不到的联想能力与灵感,提升创意的密度。

对文案创作者而言,这也是一种值得借鉴的方法。与其打开空白的文档发呆,不如在日常生活中将稍纵即逝的灵感和阅读到的好内容记录下来,当写作任务来临时,这些卡片就能刺激灵感的蝴蝶振翅飞舞。

方法四:勤奋是灵感的温床

史蒂芬·金热爱写作,他曾把对故事情节的构思写在航班的餐巾纸上;托尔斯泰写 800 页的手稿,最终发表时只有 5 页;福楼拜在每张能写 10 行字的稿纸上,都只写 1 行字,将另外 9 行空出来留着修改用。优秀的作家在对待自己的作品和惰性,是同样无情的。

如何对待"写不下去,想偷懒"的念头呢?村上春树认为:"如果每天都在写,便会习惯这件事,打开电脑便能够轻而易举地写下去,但是一旦停下之后,想要再开始写,就要费好大一番力气了,甚至在不写的那些天,内心充满了自责和愧疚,而这样的心理对创作者本身就是一种负能量。"这就好像跑马拉松一样,在跑步的过程中身体一旦停下来,就会感觉异常冰冷,只有继续跑步，身体才能变得暖和，写作也是如此。

当我们没有灵感、写不出稿时怎么办？史蒂芬·金的建议是：你需要一个房间，房间只需要一张书桌和一扇可以把你闭锁在里面的门就可以了。

PART 3

实战篇

了解了新媒体时代的传播规律和创作理论之后,接下来就要进入实战环节了。新媒体时代对创作者的要求是成为"多面手",要写得了公关稿,憋得出文案金句,磨得出爆款标题……如何搭建一篇文章的框架?如何写好一篇产品软文?如何写出一则高点击率的标题?如何写出能抓住当代用户眼球的推文?在实战篇中,将围绕不同的写作场景,介绍新媒体写作的实战技巧。

第 7 章

如何写出甲方满意的文案

面向甲方的文案主要是公关稿。所谓公关稿，简单来说，就是企业向公众传递信息的一种文章载体，通常以媒体为介质进行传播。公关稿不难写，但难写好，不少人在撰写公关稿时，会遇到以下问题：

- 领导总说稿子写得干巴巴的，但公关稿能生动到哪里去？
- 稿子太"软"了，即使想付费发布到优质媒体上，也经常被拒稿。
- 公关稿写出来也没人看，写稿就是在浪费时间啊！

在信息爆炸、注意力稀缺的时代，各路创作者都在绞尽脑汁吸引用户，以枯燥和自说自话为"原罪"的企业公关稿，好像早就被挤到犄角旮旯里去了。

然而，公关稿在企业对外发声过程中，始终扮演着重要角色。一篇优秀的公关稿，可以让人清晰地读懂企业想要传递给大众的信息，它是媒体或公众了解一个企业动态的最简单的途径。公关稿写作也是一个文案创作者职业生涯中绕不开的必备技能。

7.1　校准需求：企业 VS 媒体 VS 受众

为了避免在公关稿写作中遇到问题，我们在提笔写稿之前，

最好先问自己三个问题:

- 企业想说什么内容?
- 媒体愿意发布什么内容?
- 受众愿意读什么内容?

这个步骤叫作"校准三方需求"。一篇优秀的公关稿,往往能最大限度地平衡这三个问题,满足企业、媒体、受众三方的需求,这也意味着整个信息传达的过程能减少摩擦,实现传播效果的最优化:企业说了自己想说的,媒体不会因为稿件太"软"而拒稿,用户的接受度也较高。

想要实现这个目标,就需要厘清三方的关键需求(如图 7-1 所示)。

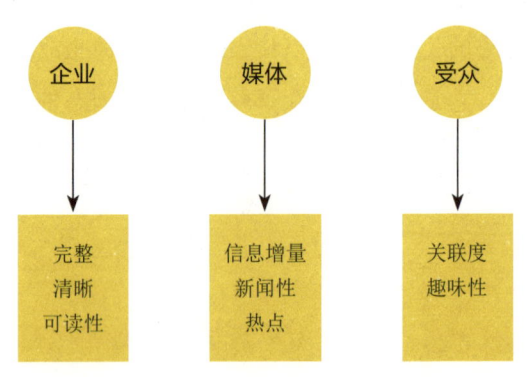

```
企业                媒体              受众
 ↓                  ↓                 ↓
完整            信息增量            关联度
清晰            新闻性             趣味性
可读性           热点
```

图 7-1 企业、媒体、受众三方需求

对于企业而言,关键诉求是完整、清晰地传递自己想要传递的信息，并且尽量做到可读性强。要做到这一点，就要对写作技能进行专业的训练，相关技巧在 7.2 节会详细介绍。

媒体则更看重信息增量，也就是这篇稿件里新增了哪些之前没有公布过的信息，与新闻、热点相关的内容也是媒体喜闻乐见的。在进行公关稿写作时，可以尽量将新信息前置，即放在首段或体现在文章标题中，如果能借势近期的新闻与热点进行发声，也是一种不错的选择。

对于受众而言，他们对与自己生活关联度高的信息较为关注，内容的趣味性也决定着能否吸引他们的注意力。我在《文案基本功：9 大爆款文案创作技巧》一书中写过，人们对那些与自身关联度高的信息往往更敏感，不愿意错过。这也是为什么一些文案可以迅速引起广泛的注意和传播，比如"现在盛行一种新毒药，它可能就在你家冰箱里""这些东西放在床头，会引发起床气"等，它们都与受众的生活离得很近。

除了与生活的关联度，趣味性也是文案吸引用户注意力的一个因素。比如水果摊上"甜过初恋"这样的文案，就很容易因为有趣而为人们津津乐道。

7.2　一篇优秀公关稿的三大要素

内容乏味、逻辑含混、行文啰唆，是公关稿经常出现的问题，翻译成一句更简单的话就是"简直让人读不下去"。为了避免这样的窘境，我们需要动用一些写作技巧，帮助公关稿摆脱它常有的负面标签。总体来说，一篇优秀的公关稿都具有这三个要素：诉求鲜明、逻辑缜密、行文简练。下面我们来分析一下，要成功拥有这三个要素，可以使用到哪些写作技巧。

1. 诉求鲜明：PAST 原则

诉求鲜明，是指我们在撰写公关稿时，必须清楚想要传递给媒体、用户的最主要的信息是什么，在这个基础上，使用写作技巧裁剪冗余，让整篇文章骨骼清晰，立意鲜明。为了使文章诉求鲜明，美国作家纳维德·萨利赫在《新闻写作的艺术》一书中提到一个技巧，叫作"PAST"原则：

> 所有文章都有一些共同的基本特征，动笔之前应认真考虑这些特征。换句话说，每一篇文章都有自己的 PAST：宗旨（Purpose）、受众（Audience）、范围（Scope）和主题（Topic）。

首先是宗旨，假如要写一篇关于整容手术的文章，对象是高中生，那么文章的宗旨也许就是提醒高中生整容手术的危险性。其次，每一篇文章都有自己的受众，写作时必须仔细斟酌。整容手术这篇文章的受众是高中生，最好避免不加解释地使用一些医学术语。再次，每一篇文章都有一定的范围，文章的内容应该集中关注这一范围。比如，还是整容手术这篇文章，它的范围应该集中在整容手术上，没有理由讨论神经外科，除非整容手术和神经外科之间有清晰的关联，与文章主题相关。最后，每一篇文章都有主题。很显然，整容手术是医学话题。

PAST 原则可以作为公关稿写作时的一把"标尺"，帮助我们校准写作路径。首先，我们需要明确宗旨，一般来说，无论是宣布企业的最新动态（融资、大会/发布会、公告等），还是推广新品，"传递对企业利好的信息"都是一篇公关稿最天然的宗旨。不同的稿件类型，会针对不同的受众，圈定不同的范围，传递不同的主题。比如融资新闻的受众主要是创投圈人士，产品稿件的受众主要是垂直媒体和 C 端用户，明确了 PAST 中的四个要素，对于我们写出诉求鲜明的公关稿是很有帮助的。

2. 逻辑缜密：信息地图 + 三段式结构

很多时候，公关稿让人"读不下去"的主要原因，就在于逻辑混乱，不能将核心信息清晰地呈现在受众面前。我们在写稿的时候，必须牢记一句话：一个句子的主要任务，是引导出下一个句子。如果你发现稿件中的某个句子不具备这样的功能，那就说明它的存在是一种冗余，它必须被删去。句子之间必须有连贯性，像咬合紧密的齿轮那样，环环相扣。

一篇逻辑清晰的公关稿，优势在于可以降低受众的阅读成本，让他们能更快地获取核心信息。在这里向大家介绍两个让稿件更有逻辑的方法：一个是写稿前的思路梳理方法，叫作信息地图；另一个是撰稿时的内容呈现技巧，叫作三段式结构。

方法一：绘制你的信息地图

信息地图是一种有效的逻辑梳理方法。它是指将一篇稿件所要包含的信息要素都摊开到一张白纸上，再将它们分门别类地"组装"起来，确保稿件言简意赅、条理清晰。通常来说，信息地图的模板如图 7-2 所示：

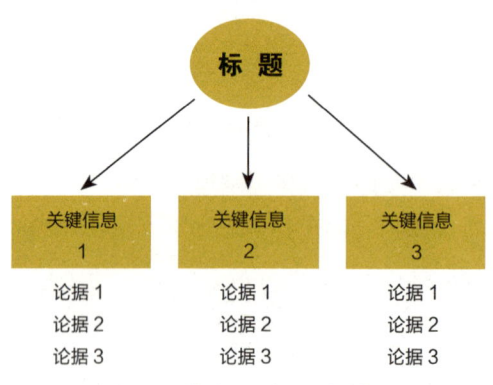

图 7-2 信息地图的一般模板

在绘制信息地图时，我们需要先拟好标题，因为标题往往包含了一篇文章最核心、最重要的信息，它需要被"前置"，用最大的字号和单独的一行文字进行呈现。

初拟好标题后，再将文章需要承载的关键信息抽丝剥茧梳理出来。一般来说，关键信息最少 3 点，最多 7 点，关键信息过少会让文章显得信息量不足，过多又会导致信息过载，将关键信息控制在 3~7 点之间，稿件的可读性最强。

有了关键信息，我们还需要找到匹配度高的论据，帮助受众更好地理解这些关键信息，一则关键信息辅以 1~3 个论据便足够了。

在正式动笔写稿前，有了这张信息地图，文章的逻辑便已经清晰起来，信息主次分明、分工明确，便可以共同为传递核心信息服务了。

方法二：三段式结构，告别"一镜到底"

有的公关稿，就算受众好不容易鼓起勇气读完，也会产生一种疲累的感觉。这种文章一般是"一镜到底"式文章：除了文章标题，内文里找不到一个小标题，全是大段的文字。这样的文章要让受众自己去提炼核心信息，谁有这个闲工夫呢？

通过上文信息地图这一步骤的逻辑梳理，我们已经可以提炼出文章的几个关键信息了，接下来要做的，就是把这几个关键信息转化为文章的小标题，将整篇文章划分为几个相对独立而又逻辑相连的部分，使文章的结构更立体，要点更突出。

一般而言，超过 800 字的稿件就建议使用三段式结构，也就是一篇文章提炼 3 个关键信息，使用 3 个小标题。当然，到底是"几段式"取决于稿件信息量的多寡，可以进行灵活调整。三段式文章的最大好处是，当受众没有那么多时间和耐心读完整篇文章时（大部分情况下都是如此），他们至少可以通过几个小标题快速获取文章的核心信息。

除几个小标题之外，一段优秀的导语对稿件来说也很关键。导语，也就是稿件的开篇，必须足够引人入胜，才能引起受众注意。纳维德·赫利萨认为："好的导语应该简单明了，与文章相关，引人入胜，焦点集中。好的导语应该设置悬念，使文章有趣、有新闻价值。"不同类型的公关稿,适合使用不同类型的导语。最常见的是新闻稿的概括式导语,要包含五个"W"和一个"H",即 When(何时)、Where(何地)、Who(何人)、What(何事)、Why(何故)和 How(如何)。

此外,还有特写式导语、叙述式导语、悬念式导语、趣事式导语、悖论式导语等各式各样的导语类型,可以根据稿件的受众群体及内容风格进行选用。

3. 行文简练:50% 原则

在公关稿乃至任何类型的稿件写作中,杜绝废话都是一项铁的纪律。我们必须保证文章中的每一个句子都有它存在的必要,如果它可要可不要,那就删掉它。

一般来说,创作者对自己写出来的文字总有些怜爱之情,删稿就像割肉般难受。但其实大部分公关稿都可以用其原有字数的一半,去承载相同的信息量。在写作的过程中,可以先做加法再做减法,将核心信息和相关的重要论据、素材都写上,然后审视哪些重要、哪些更重要,进行合理的裁剪。在裁剪时可以使用"50% 原则",也就是在保证信息量不变的情况下,尽量裁减掉一半不必要的内容,让整篇稿件更加清晰简练。

7.3 公关稿的常见类型及写法

公关稿的常见类型,包括新闻通稿、活动稿、产品稿、演讲稿等，在写作这几类稿件的过程中都可以用到本章上面提到的思维梳理技巧与写作技巧。此外，不同类型的公关稿，也有它们各自需要侧重的特点。

1. 新闻通稿

新闻通稿是公关稿最常见的类型之一，新闻通稿通常配合企业最新动态进行发布，它往往也是企业官方发布的、信息最全面的"主稿"，因此，它通常能为感兴趣的媒体提供尽可能多的信息，方便不同媒体选取自己感兴趣的部分进行延伸报道。

一篇合格的新闻通稿需要满足两个条件：首先是信息要全面，能为媒体提供足够的可解读空间；其次是"定调"，也就是从官方的角度阐述企业此次行动的宗旨。

接下来我们通过亚马逊中国官方网站的一篇新闻通稿，看看它是如何满足上述两个条件，以及使用前文提到的各项写作技巧的。

亚马逊中国发布"2019全民阅读报告"解读中国读者阅读行为趋势

在"世界读书日"来临之际，亚马逊中国连续第六年发布"亚马逊中国2019全民阅读报告"，并开启了一系列以#读书的人面上有光#为主题的阅读活动。基于亚马逊中国和新华网联合发起的"2019全民阅读大调查"收到的近14 000份有效问卷，"亚马逊中国2019全民阅读报告"解读了大众阅读行为和偏好。报告显示,从整体看大众的阅读氛围浓厚,近四成访问者以深度阅读为主;个人内在需求是促进大众阅读及购书的核心驱动力;以阅读电子书为主的受访者比例呈持续增长趋势。此外,经典名著一如既往地受大众偏爱,而不同年龄段的读者呈现不同阅读偏好。

大众阅读氛围浓厚,近四成受访者青睐深度阅读

调查显示过去一年大众阅读氛围浓厚,近五成受访者过去一年阅读总量超过 10 本。在移动互联网时代,97% 的受访者表示深度阅读(主要是读书)和碎片化阅读(刷微信、微博等)均会涉及,但以深度阅读为主的受访者占比达到 38%,高于以碎片化阅读为主的 33%。

调查还显示,读书在大众生活中占据非常重要的地位。九成受访者认为读书非常重要,其中有 21% 的受访者认为读书已经成为他们日常生活的重要组成部分,69% 的受访者表示将读书列入了 2019 年非常重要的年度计划。

个人内在需求是阅读的核心驱动力,读书正成为大众远离游戏等打扰的有效方式

……………

以电子书为主的阅读方式呈持续增长趋势

大众都爱经典，不同年龄段呈现不同阅读偏好

为激发大众的阅读热情，亚马逊一直致力于通过创新的产品和服务，给读者打造最佳的数字阅读体验。日前，全球同步上市的全新亚马逊 Kindle 电子书阅读器正式发货，全新 Kindle 青春版新增内置阅读灯可随意调节亮度，无论白天或夜晚均可舒适阅读，焕然一新的轻薄机身设计，令长时间握持更加舒适。在 2019 年世界读书日期间，Kindle 中国还启动了 # 读书的人面上有光 # 阅读推广活动。其中，中央电视台联合 Kindle 中国共同发起公益阅读活动，在央视各频道播出读书主题公益广告，且联动央视微视手机客户端发起创意互动，带动更多人去享受阅读的乐趣，以阅读建造精神家园，向更高处探寻求知。同时，Kindle 中国发起了《阅读追光者》系列节目，记录漫画家许先哲、新生代实力演员张子枫、草原王子阿云嘎、说唱诗人小老虎、全能舞王韩宇等不同领域活跃的年轻人生活和读书的故事与感悟，展现年轻一代的青春力量，以此将阅读的精神气质传递给更多人。

通读这篇新闻通稿，我们可以知道，亚马逊中国与新华网通过 14 000 份有效问卷，分析出了 2019 年中国读者的阅读行为趋势。

稿件的第一段是导语，概括了"2019 全民阅读报告"发布的背景、主题与内容提要。接下来，是"四段式"文章结构，通过四个小标题，从阅读氛围、阅读的核心驱动力、电子书使用情况、不同年龄阅读偏好四个维度，提炼出全民阅读报告的四个关键信息，再分别用具体的数据与内容展开描述。在这个部分，文章满足了新闻通稿"逻辑缜密"这个要素。

在文章的最后一段，则做到了为企业行为"定调"。"为激发大众的阅读热情，亚马逊一直致力于通过创新的产品和服务，给读者打造最佳的数字阅读体验"。以上内容可以说是一篇信息完整、逻辑清晰的新闻通稿了。

2. 活动稿

活动稿也是公关稿中较为常见的一种类型。无论是行业大会、产品发布会、线下推广活动还是线上活动，都需要活动稿配合宣传推广。一般来说，活动稿需要包含五个"W"，即 When（何时）、Where（何地）、Who（何人）、What（何事）、Why（何故），向读者交代活动在什么时间和地点举行、活动的主办方是谁、活动的具体流程或亮点是什么、举办活动的目的是什么等信息。

就拿天猫精灵这篇发布会的稿件举例，除了在开篇用简短的文字介绍了活动的五个"W"，还通过新品发布、系统升级、生态这三大亮点的总结，让用户能以较快的速度获取活动的核心信息，三个小标题的存在，能有效地降低用户的阅读成本。稿件原文摘录如下：

一文回顾天猫精灵 2020 春季发布会：发四新品及妙物品牌

5月20日，天猫精灵通过直播发布了4款新智能音箱新品和"妙物"子品牌，同时还宣布投资100亿元扩大生态圈。

新品发布：精灵键、自学习动态EQ算法是亮点

四款新品分别是：1英寸家庭智慧大屏CC10、主打高音质的智能音箱X5、高性价比产品方糖2、针对女性用户推出的丝绒蓝版智能美妆镜。

这其中比较有看点的是：

方糖2专门设计了一颗自定义按键"精灵键"，可以将高频使用功能设置成为快捷键，如：音乐播放、时间播报、家居控制等常用高频功能。同时，天猫精灵拥有超过5200多种技能，也可供用户有更多的选择和体验。

…………

系统升级：推出Genie ID功能，引入3亿资源

四款产品均基于阿里巴巴自研的 AI 语音及视觉交互技术。本次发布会的重磅技术升级就是 AliGenie 4.3 系统。

AliGenie 4.3 系统首次推出 Genie ID 功能,未来有能力结合人脸识别、声纹识别、对话和行为分析,为每个家庭成员提供专属服务。

推出更加个性化的 AI 表达能力,引入了哆啦 A 梦、皮卡丘等顶级动漫语音包,影视明星和艺人的语音包,四川、河南方言语音包,以及个性人设语音包。

……

生态:投入 100 亿元布局内容服务生态,推出"妙物"子品牌,

……

(稿件来源:凤凰网科技)

包括天猫精灵发布会这样的活动,一般的活动公关稿都会分会前预热稿和会后总结稿两大部分。上文引用的天猫精灵发布会就属于会后总结稿,这类活动稿承担着总结活动亮点的任务,这篇稿件就清晰地为读者复盘了天猫精灵发布会的三个亮点。而会前预热稿则需要承担吸引目标群体参会或关注活动的任务,适当地释放活动议程亮点、即将参会的重磅嘉宾、重磅演讲主题,或是活动现场的相关福利/礼品等,都能有效提升活动的

吸引力。

3. 产品稿

产品稿从某种角度看，其实更考验撰稿人的"翻译"功力。这句话怎么理解呢？大部分情况下，对外发布的产品稿，要将公司内部产品部门提供的产品基础文档/素材，"翻译"为"用户语言"，并且要能提炼出最能吸引用户的卖点。比起"产品是什么"，产品稿更重要的工作在于解释"产品能为用户带来什么"的问题，也就是在"翻译"的过程中实现产品思维向用户思维的转变，用通俗易懂且有趣的方式，把产品介绍给用户，并引发他们的兴趣。

以化妆品品牌兰蔻（Lancôme）的一篇产品稿为例，在下文的稿件中，兰蔻介绍了它于 2018 年 7 月首次发布的"全新持妆系列"，包括兰蔻持妆粉底棒和兰蔻持妆粉底液。在稿件的开篇段落，提炼了这两款产品的最大亮点，就是"磨皮般高度遮瑕"和"超轻薄丝滑质地"。

全新 Lancôme 兰蔻持妆粉底棒粉底液 7 月震撼上市

全新 Lancôme 兰蔻持妆底妆系列，正在席卷亚洲，从此颠覆对底妆的传统认知。全新 Lancôme 兰蔻持妆底妆系列包含：全新 Lancôme 兰蔻持妆粉底棒和全新 Lancôme 兰蔻持妆粉底液，磨皮般高度遮瑕，一扫肌肤瑕疵；超轻薄丝滑质地，一抹即化，轻推成妆，只需20秒，即可塑造自然哑光底妆，更能持妆长达一整天。完美妆容所带来的无比自信，让女性更加出众，格外迷人，赋予女性表达个性与自我的力量。

造型精巧轻便 20秒快速上妆
…………

磨皮般遮瑕 一整天持妆控油全新
…………

质地轻盈丝滑 清透呼吸不闷痘
…………

8款色号可选 打底修容多功效
…………

泰勒·希尔（Taylor Hill）倾情演绎 绽放底妆魅力
…………

可以看到，兰蔻这篇产品稿也是用了5个小标题，使得文章的结构更清晰、重点更突出，5个小标题分别介绍了4个产品特色和明星代言情况。

细看本篇产品稿的前4个小标题，就能发现它们都是"产品功能＋用户利益"的结构。比如"造型精巧轻便 20 秒快速上妆"，前半句在讲产品的造型轻便，后半句在讲它能让消费者在 20 秒的时间内就完成上妆的步骤。

"磨皮般遮瑕"这一产品描述比较有意思，它其实使用了一个类比，引入了当前修图软件的"磨皮"功能，来描述粉底的遮瑕功能。通读整篇稿件，还能发现它使用了大量的数据来佐证文章的关键信息，比如"轻推成妆，只需 20 秒"等，通过消费者调查的数据来佐证产品的功能。

当然，一篇合格的产品稿，除文字之外，配上具有吸引力的产品图片也是必不可少的，产品的近景图、产品放置于各种场景的场景图，都能加深用户对产品的感性认知，通过视觉刺激有效提升他们对产品的兴趣。

4. 演讲稿

演讲稿，是文案创作者工作中经常会遇到的一种体裁，它在传递演讲者观点、说服用户、宣讲企业故事、包装企业领导者形象等方面都扮演着重要的作用。中国自古就有"三寸之舌，强于百万之师"的说法，无论是在推动历史巨轮前进的过程中，还是在光速发展的当代商业社会里，一场优秀的演讲的意义都是十分重大的。而一篇优秀的演讲稿，则是决定演讲成败的基础。

优秀的演讲稿，可以让演讲者的思想化身砍向人们内心冰封大海的斧头，它可以让文字通过演讲者的声音和演讲技艺，展示真诚，传递观点，说服大众。如何才能写出一篇合格的演讲稿？这里有四个技巧可以与你分享。

技巧一：18分钟原则

《像TED一样演讲》一书提出，一场演讲可以达到最优效果的黄金时长是18分钟。TED（TED是Technology、Entertainment、Design在英语中的缩写，即技术、娱乐、设计）对黄金演讲时长的限定可以被视作对观众和对演讲者都最友好的准则，即在18分钟这个时间范围内，观众可以最大限度地吸收演讲者所讲的内容，演讲者也足以讲清楚一个较为复杂的主题。

TED策划人克里斯·安德森认为，18分钟短到足以维持人们的注意力，但也长到可以讲清楚一个复杂的想法。马丁·路德·金那个举世闻名的演讲《我有一个梦想》，时长就是17.5分钟。美国前总统肯尼迪那场关于航天事业的著名演讲《我们选择登月》（We Choose to Go to the Moon），时长仅为13分42秒。

技巧二：三种修辞原则

亚里士多德在《修辞学》中提出过三种基本的说服方式：人品诉求（ethos）、理性诉求（logos）和情感诉求（pathos）。在亚里士多德看来，演讲的本质就是对听众的说服，让听众形成某种判断，去认同、赞成和采纳演讲者的观点甚至采取某种行动。亚里士多德认为，要想在文明社会获得成功，既需要智慧又需要口才。他认为，口才实质上是一个系统，一种触碰心灵和改变思想的方法。亚里士多德发明的技巧构成了当今公开演讲的基石。每一次鼓舞人心的演讲、幻灯片演示或讲话，究其核心，都与亚里士多德2000多年前提出的策略如出一辙。

在三种基本的说服方式当中，他认为人品诉求是最有效的说服手段，一个被认为拥有较高道德品质和人格威信的人会更容易获得听众的信任，也更容易通过演讲说服他人。

理性诉求则需要语言具有逻辑和论据，以理服人。肯尼迪总统的演讲《我们选择登月》，就把"登月"这一在当时看起来宏大遥远的目标，用清晰可量化的标准进行了理性的阐述，让这一目标在听众心里变得似乎近在咫尺：

> 在过去的19个月里至少有45颗卫星进入地球轨道，其中大约40颗标着"美利坚合众国制造"的标记，它们比苏联的卫星更加精密，能为世界人民提供更多的知识。
> 正在飞向金星的水手号飞船是空间科学史上最复杂的装置。其精确程度比得上在卡纳维拉尔角发射的一枚导弹直接击中这个体育场的40码线之间。
> 海事卫星将使海上的船只航行更加安全。
> 气象卫星可以提前带给我们飓风与风暴预警，它同样也可以用于森林火灾与冰山预警。

45颗进入地球轨道的卫星中有40颗标着"美利坚合众国制造"的标记、水手号飞船的精确程度比得上在卡纳维拉尔角发射的一枚导弹直接击中这个体育场的40码线之间……肯尼迪在演讲中使用了诸如此类的精确数字和形象化的描述，向听众描述美国航天事业在当时已经取得的成绩。不仅如此，他还宣布了接下来5年将在航天事业上投入的预算：

> 接下来5年，国家航空航天局希望这里的科学家和工程师数量翻倍，希望将工资和开支提高到每年6000万美元，希望在工厂和实验设施上得到2亿美元的投资，希望指导或与这个城市的航天中心签订超过10亿美元的合同。
>
> 显而易见，这些会花掉我们一大笔钱。
>
> 今年的航天预算是1961年元月的三倍，比过去八年的总和还要多。
>
> 预算现在保持在每年54亿美元——一个令人震惊的数目，尽管还稍小于我们在香烟和雪茄上所消耗的年消费额。

每年54亿美元的预算，"还稍小于我们在香烟和雪茄上所消耗的年消费额"，通过香烟、雪茄这类大众常见的消费品，让人们对航天预算产生较为感性的认知，听上去会花一大笔钱，其实没有每年大家抽掉的香烟和雪茄费用那么高。

理性诉求是"晓之以理"，而情感诉求则是"动之以情"。演讲者需要与听众建立情感联系，利用语言技巧向听众传递某种信仰和情感，激发他们的感情甚至促使他们产生行动。为了增强语言的力量，需要使用一些适合演讲的修辞手法，比如排比修辞。

在用于阅读的文本中见到排比句式难免给人矫揉造作之感,但在演讲稿中,如果演讲者的演讲技能足以驾驭排比的使用,就会增强演讲的感染力。

1940年敦刻尔克撤退成功后,温斯顿·丘吉尔发表了他在第二次世界大战中最鼓舞人心的一段演讲《我们将战斗在海滩》(*We Shall Fight on The Beaches*),提醒众人"战争不是靠撤退赢得的",在演讲中他就使用了一系列排比句来展示"我们将战斗到底"的决心,感染力十足:

> 这次战役尽管我们失利,但我们决不投降,决不屈服。
> 我们将战斗到底。
> 我们将在法国作战,
> 我们将在海上和大洋中作战,
> 我们在空战中将具有愈来愈大的信心和愈来愈强的力量。
> 我们将不惜任何代价防卫本土,
> 我们将在海滩上作战,
> 我们将在敌人登陆的地点作战,
> 我们将在田野和街头作战,
> 我们将在山区作战。

而在肯尼迪的《我们选择登月》的演讲中,除了一连串精密的理性话语,在演讲的最后,言辞也变得柔软起来,他引用了英国探险家乔治·马拉里的故事，用感性的方式阐述了为什么要执着地走向太空，走向月球：

> 很多年前，伟大的英国探险家乔治·马拉里在攀登珠穆朗玛峰时遇难。曾经有人问他为什么要攀登珠峰，他回答说："因为它就在那儿。"
> 好的，太空就在那儿，而我们将投入探索。月球和其他星球就在那儿，获得知识与和平的新希望就在那儿。因此，在我们启程之时，我们祈求上帝能够保佑这个人类有史以来所从事的最具风险、危险与最伟大的历险。

技巧三："hook"原则，写出令人记忆深刻的故事

"如果你想让别人把打开他们心门的钥匙交给你，就给他们讲个故事。如果你想让他们把新车的钥匙交给你，也可以讲个故事。"卡迈恩·加洛在《像TED一样演讲2：沟通升级》一书中如此描述讲故事的重要性。

演讲中的一个好故事，就像一首受欢迎的流行歌曲中的"hook"那样，令人记忆深刻，萦绕脑中挥之不去。"hook"原本是"钩子"的意思，被引申为一首歌曲中最勾人的一部分，也就是一首歌的记忆点，它可能是一句歌词、一段旋律或几个节拍。

比如耐克就是一个有讲故事文化的公司，耐克的联合创始人

菲尔·奈特在面向投资者路演时，以及作为耐克高管在面对公司年轻的员工时，都会讲述耐克鞋底的灵感来源于华夫饼烤盘的故事。菲尔·奈特把这个故事视为耐克品牌创新精神的体现，认为过去的成功事迹会激发未来的创新。

在演讲稿的撰写中，根据表达的需要加入1~2个适宜而精彩的故事，能很好地起到吸引听众注意力、增强记忆点的效果。这些故事可以来自演讲者自身的经历、公司发展中的趣闻，也可以是"英国探险家乔治·马拉里攀登珠峰"这样能帮助演讲者更好地阐明主旨的小故事或逸闻，故事可以作为演讲的开篇，也可以用于给演讲收尾，还可以嵌入到演讲稿其他部分的行文中，无论位置在哪儿，故事只要足够恰当和精彩，都能为整个演讲注入灵魂，成为令听众记忆深刻的"hook"。

技巧四：简洁原则，语言越简单越有效

与其他形式的文稿内容不同，演讲稿所承载的内容是需要经由演讲者的口头表达来进行传递的，这就对文本简洁度、易懂度提出了更高的要求。

文字越简洁，用户的理解成本也就越低，这需要创作者下功夫去梳理、裁剪和提炼。在英文写作领域，甚至有一个专门用于检测文本可读性的软件，叫作 Hemingway Editor（海明威编辑器），它以崇尚"冰山原则"的作家海明威的名字命名，可以对英文文章进行可读性打分并且可以用不同的颜色标注出难懂、有语法错误的句子，提醒和帮助创作者进行修改。

演讲稿需要简洁，不仅是因为观众通常不具备充裕的时间来理解复杂的句式，也在于简洁的句子在听觉上更具有魄力。而让演讲稿变得简洁、让演讲变得轻松自如的最好办法就是：修改。

在发表《我们选择登月》演讲前，肯尼迪就在原稿的基础上进行了31处改动，目的就是让演讲变得更简洁、更易懂。

> 尽管索伦森的文采很好，肯尼迪在演讲前的几个小时中还是对演讲稿做了31处改动，其中大多数改动是在简化语言。你可以看到肯尼迪用红笔做的修改。直到最后一刻，肯尼迪还在删除短语、句子，用简单的词替换较难的词。肯尼迪画掉了下面的一句话："现在，世界已经大不相同了，因为人类被赋予了驱逐人间各种贫困、毁灭人间各种生活的力量。"他删除了"赋予"和"驱逐"这样的字眼，重新写了一个更简单、更有力、听起来更顺耳的句子："现在，世界已经大不相同了，因为人类之手掌握着既能消灭人间各种贫困又能毁灭人间各种生活的力量。"
>
> 其中最著名的那句话甚至也经过了编辑。肯尼迪画掉了"会"，用"能"取而代之。此外，他还删掉了3个词。这句话最后变为："不要问国家能为你做些什么，而要问你能为国家做些什么。"正如前文所述，虽然意义深远，但这个句子都是由简单的词组成的，四年级的学生都可以听懂。
>
> ——《像TED一样演讲2：沟通升级》

美国前总统亚伯拉罕·林肯所发表的《葛底斯堡演说》（Gettysburg Address），堪称美国历史上被人引用最多的政治性演讲。这篇演讲同样也以极致的简洁著称，它仅有272个单词，演讲时长3分钟。并且在有单音节词、双音节词和三音节词可以选择时，林肯会使用单音节词，他所做的一切都是为了让演讲更容易讲，也让听众更容易听。

18分钟原则、三种修辞原则、"hook"原则、简洁原则是帮助文案创作者写出一篇合格的演讲稿的四个技巧，而在实际的演讲稿撰写过程中，文案创作者还需要考虑更多的因素，比如演讲的场合、演讲的目的、听众的圈层、演讲者的个人风格及语言表达能力等，这些因素共同决定着演讲稿的行文走向，决定着演讲的长短和风格，文案创作者最需要做的就是让内容在多样化的因素作用下，尽可能地不偏离以上四大原则，从而写出一篇对演讲者和听众都友好的演讲稿。

第 8 章

如何写出这届年轻人喜欢的文案

8.1 如何写出治愈系文案

当代人太需要治愈了。窒息的地铁车厢、电子狗链般的即时办公软件、回消息不及时的伴侣，都在齐心协力地耗光人们的"电量"。无论是身体上还是精神上，人们都陷入了一种"虽然没什么病但是很需要治愈"的状态。成年人的焦虑就像一个黑洞，而治愈系的影像或文字就像一种神秘的力量，能将它照亮，哪怕只有短短的几分几秒。它可能是萌宠博主晒出的一只猫的粉色肉垫，也可能是5分钟的切肥皂ASMR短视频，还可能是一段舒缓的音乐。

和能治愈的食物、电影、游戏与其他各类治愈系产品一样，具有治愈能量的文案也能触动当代人需要呵护的情绪。有哪些具体的技巧可以帮助我们写出有治愈感的文案，去软化用户心中那层抵触广告的保护壳呢？本书将介绍四种方法。

1. 情感提纯：越纯粹越动人

当代人的情感是多元而复杂的，但越是如此，人们就越容易被纯粹的情感打动。文案创作者可以做的，就是用文字构建一个不含杂质的乌托邦，对人类纷繁复杂的情感进行"提纯"，把其中最有力量也最能引发共鸣的部分展示出来。

比如，"学会与自己和平相处"就是许多当代年轻人甚至是年长者的一门必修课，而在这件事上大部分人是充满焦虑的，它比应付一个难缠的客户、哄好生气的伴侣都更难。

日本 LUMINE 百货的广告文案在情感提纯方面就堪称高手，它推出的系列文案都瞄准了年轻女性在认识自己、塑造自己的历程中诞生的细微心绪，并从中提炼出了正面的能量，配以缤纷的画面，看似云淡风轻的喃喃自语，读起来却让人温暖又振奋：

> 我想要让自己变得像大家鼓励我的一样美好。
> 睡眠不足？流言蜚语？不不，只有无聊与懒惰，才会让我变丑。
> 去年的衣服不再合适了，因为我变成了新的我了啊。
> 总是不恋爱，会变软弱的，总是在恋爱，会变脆弱的。
> 想哭的时候，就换上新衣吧。

每一句文案都稳稳地戳在了女孩子们"想要变得更好，想要变得更美"的情感需求上，撇去了自我怀疑、孤独软弱和过度期盼的浮沫，独白体的文案将情绪进行了提纯，只锁住了坚定地为自己打气，暗中创造出"换上新衣"与"变得更美好"之间的关联。原本购物就会刺激人们多巴胺的分泌，使人感到愉悦，LUMINE 百货的广告文案在为女孩们注入了治愈能量的同时，也顺便撬开了她们的钱包。

在压力爆棚的成人世界，偶尔的偷懒和任性可以创造出一个令人愉悦的"结界"，为人们带来治愈。台湾奥美公司围绕"大人的任性"推出过一组文案，每一句都能击中亟待被治愈的成年人。

> 再追一集,直到收集到能做出美梦的情节才去睡

把早睡早起丢到一旁,熬夜追一部无脑的爽剧,是多少人纵容自己寻找治愈的写照。

> 酒喝不够多,真心话什么时候说

> 今天喝水量不足,就在威士忌里加点冰弥补

简直就是"周五不喝酒,枉来世上走"的文艺版,绷得太紧的神经,必须借酒精来放松呀。

> 下班就要头也不回,休假就要已读不回

> 心里有事,请个事假

道出了多少上班族的心愿,让即时办公软件里的"已读"见鬼去吧,想想都令人开心。

放空比没空境界高多了,值得好好练习

懒是我养的宠物,再忙都要花点时间摸摸才行

这两句是在忙忙碌碌人生中悟出的至高哲理。

这组文案的核心,是提炼出了"任性"这一情绪,无论是追剧、喝酒还是休假,都是成年人生活中的治愈时刻,而这组高纯度的文案则将情绪释放得恰到好处。

2. 深深的洞察,轻轻地表达

治愈是一种需要精准拿捏的情绪,太轻就成了不痛不痒,太重就会催人心肝。想要达到治愈的效果,就需要做到举重若轻的"刚刚好"。

而在那些治愈人心的文案背后,其实都埋藏着深刻的洞察,把这种洞察用举重若轻的方式表达出来,达到"刚刚好"的平衡,才能让人觉得既可爱又不肤浅,每一句看似云淡风轻的文字背后都有沉甸甸的情绪在里面,这样的文字往往最具治愈的力量。

这样的情绪拿捏与表达,中国古代的诗人就很擅长。比如唐代诗人卢仝《有所思》中最为人称道的一句,"相思一夜梅花发,忽到窗前疑是君",把抽象的思念写得看得见闻得着。诗句描述的只是梅花长到窗前的情形,把情绪藏在了清新的文字背后,读来含蓄又深情。

又比如《古诗十九首》中《行行重行行》一诗中的"思君令人老，岁月忽已晚，弃捐勿复道，努力加餐饭"，明明已经思念到令人变老了，但想念的话最终也没有说出来，只有一句"努力加餐饭"，叮嘱思念的人好好吃饭保重身体要紧，可谓朴实无华又情深意切。

日本寺庙布告栏的方丈标语曾经在社交媒体上红极一时，这些标语言辞简洁又直指灵魂，在令人心服口服的同时也有治愈的功效。

> 除了死亡，别的都是擦伤

举重若轻地告诉大家可以放下执念，那些被认为过不去的坎其实只是轻微的擦伤而已。

> 每个人都有几个自己无法原谅的人，但记住这些仇恨的人，只有自己一个

> 生气的时候就念南无阿弥陀佛

这两句也异曲同工，让人忍不住对着方丈点头称是。

除了这些，还有更加诙谐幽默的语句。

不是发际线后退了,而是人生进步了

偶尔涌起的不是干劲儿,只是一时兴起

有空在网上辱骂他人,不如多念几句阿弥陀佛

直指生活中的情绪,令人茅塞顿开。

日本新潟县长冈市吉乃川制酒公司的文案,就瞄准饮酒者的心情,仿佛散发着淡淡的酒香,有浓浓的情绪萦绕其上。比如这一句:

在东京失恋了,幸好,酒很强劲

只字不提失恋带来的痛苦,只说"酒很强劲",把借酒浇愁都藏在文字背后,让人读来会心一笑。

酒,两个人分着喝就会觉得更暖,来自雪国的夫妇,可真叫人艳羡啊

冬日里分喝一壶暖酒，治愈力满分。

3. 锁定场景和意象

那些具有治愈力的文字，往往有一些共同特点，比如在文字中会频繁出现一些固定的场景和意象，这些场景和意象通常本身就有治愈属性。那么哪些场景和意象天然就有治愈力呢？森林、湖泊、白云、微风、阳光，大自然的治愈力是第一等的，这些意象如果被高频地组合在一起，就容易产生治愈的效果；小猫小狗小孩，熊猫考拉羊驼，年糕糯米丸子饭团子，软绵绵的动物和食物也是治愈能量之源；此外，与朋友聊天、与恋人散步、和孩童嬉戏，诸如此类生活中的平凡又美好的时刻，也是具有治愈力的场景。

宜家的产品文案中，就经常使用上述令人感到治愈的场景和意象，以传递其温暖的品牌调性，比如这则塞恩平织地毯的文案：

> 冬日的懒猫蜷缩在地板上
> 小表妹捧着《黑兔和白兔》坐在地板上
> 我移来一张毛茸茸的地毯
> 表妹和猫同时奔了过来

冬日、地毯、儿童绘本、小女孩和犯困的猫，可以说集齐了必备元素，可以"召唤"治愈力了。

日本的 iichiko 烧酒 30 年来持续推出系列海报，其海报文案

读起来就十分治愈。海报中,产品被放置在各式各样的场景中,每张海报上仅有一句简单的文案:

在烧酒里兑点风(1986 年 5 月)
今日与春风相会(1995 年 3 月)
先走的,是风(1996 年 10 月)
去往云流去的方向(2003 年 7 月)

花间一壶酒(1987 年 1 月)
两人对酌山花开(1988 年 1 月)
沿着花的去向走(1991 年 2 月)
这是阳光照射后盛开的花(2011 年 1 月)
分别时总有白花绽放(2014 年 1 月)
在绿荫下偷懒的时光(2015 年 4 月)

谈话不知不觉中变长了(1988 年 12 月)
像以前一样慢慢地聊吧(2007 年 4 月)
好吃的鱼、美味的酒、马马虎虎的歌(1989 年 9 月)

从上面三组 iichiko 烧酒的文案中,就可以看出一些规律。

比如在第一组中,都出现了"风"或"云"这样的意象,读起来很有空气感和蓬松感,配上空旷简约的海报画面,令人神清气爽。

第二组中，阳光、花、酒、绿荫、偷懒的时光，无不是令人放松的意象。

第三组中，"谈话不知不觉中变长了""像以前一样慢慢地聊吧"，勾勒出一边对酌一边促膝长谈的朋友相处的画面，"好吃的鱼、美味的酒、马马虎虎的歌"也是一派闲散放松的朋友相聚光景，这些文字构建起来的，都是令人一看到就感觉放松的场景，而文字的治愈力也随着这些场景的展现油然而生。

4. 文字去锋利度

治愈系的文案有一个重要的特点，就是文字去锋利度。锋利度意味着攻击性，这样的文字会让人精神紧张，而那些看上去钝钝的、圆润的文字才能营造出轻柔的质感。哪些技巧可以帮助我们打造去锋利度的文案呢？

日本 JR 铁路曾推出过主题为"青春 18"的海报，目的是推广公司推出的青春 18 乘车券。虽然名叫青春 18 乘车券，但对使用者并没有年龄限制，所有的人都可以使用，持有青春 18 乘车券的用户可以在规定的期限里任选 5 天，随便乘坐全日本 JR 的普通车。每一张宣传海报上，都是一幅沿途美景图加一句简单的文案：

> 去寻找那个时刻的蔚蓝吧。

"啊,就是这里!"一定会有那样一个车站吧。

在自己的房间里,怎么可能思考人生嘛?

那样的景色,是没办法作为土产带回家的事物啊。

走到哪里都像现在一样聊下去吧。

不要只是说"大家永远都是好朋友",就现在,一起出发吧。

你也有过不经思索地,就在某个车站下车的时候吗?

那是一个列车对我说"慢点走吧"的夏天。

一瞬间下定的小小决心、旅途中的幽思、友情的誓言,都是青春单纯琐碎的心绪。

在"青春18"的海报中,翻译后的文案都有一个共同点,那就是句子里都包含1~2个语气词,让文案的口吻变得轻松,就像日常与朋友的谈天那样,比如"去寻找那个时刻的蔚蓝吧""在自己的房间里,怎么可能思考人生嘛",用日常的语气平衡了文艺气息,读起来毫不做作,而是让人觉得治愈又亲切。

语气词的恰当运用,能通过口语化来有效地降低语言的锋利度。除了使用语气词,不在文案中使用过于专业、冷僻的词汇,也能拉近读者与文字的距离,起到软化文字、降低锋利度的作用。

当代人,每一天都在经历日常生活所带来的"小型创伤",而治愈系的文案就像一片创可贴,(至少是短暂地)让用户感到放松和逃离,阅读这样的文案就像同一个语气柔软的交谈者进行了一场轻松愉快的谈话般舒适。

有机会的话,试着用提纯的情感、举重若轻的表达技巧、圈定好范围的场景和意象,以及去锋利度的文字,与用户进行一场治愈的谈话吧,没准创作中的你,也会被自己治愈。

8.2 如何写出理工风文案

当代人越来越难被花哨的文字欺骗了,但面对复杂的公式和图标,情况就不一样了。

比如,普通人写的菜谱,不外乎"步骤一""步骤二"再加上

几张配图，而理工"大神"的菜谱，是这样的（如图8-1所示）

$$t = 0.451 M^{2/3} \ln\left[0.76 \times \frac{(T_{\text{egg}} - T_{\text{water}})}{(T_{\text{yolk}} - T_{\text{water}})}\right]$$

图8-1　煮鸡蛋公式一

图8-1是埃克塞特大学物理系讲师查尔斯·威廉姆斯博士所写的煮鸡蛋公式，公式里的参数 T_{egg} 代表鸡蛋的初始温度（温度单位为℃），T_{water} 代表水温，T_{yolk} 代表理想的蛋白与蛋黄分界处的温度，t 代表煮鸡蛋的时长（单位为分钟），M 代表鸡蛋质量（单位为克）。

如果用户家里没有能精确称出鸡蛋重量的工具也不要紧，彼得·巴汉姆（Peter Barham）在《烹饪的科学》（*The Science of Cooking*）一书中提供了一个基于鸡蛋周长的公式（如图8-2所示），其中 t 代表煮鸡蛋时间，c 代表鸡蛋周长（单位为厘米）：

$$t = 0.0152 c^2 \ln\left[2 \times \frac{(T_{\text{water}} - T_{\text{egg}})}{(T_{\text{water}} - T_{\text{yolk}})}\right]$$

图8-2　煮鸡蛋公式二

普通人吃小笼包只会评论皮薄馅大、汁多味鲜，但"大神"的小笼包测评是这样的：

小笼包分数 =［（馅料重量 + 汤汁重量）/ 皮的厚度］× 100

得12分以上的小笼包为A类，6.75分以下的为C类，介于两者之间的是B类。

这是一位美国大厨探访了 50 多家上海包子铺，吃了 300 多只小笼包后得出的小笼包分数计算公式，他写出了一份《上海小笼包索引》。别人吃小笼包用筷子，他用剪刀、电子秤和电子卡尺，精确地测量出小笼包中汤汁、肉馅、皮的科学数值，然后根据公式计算出每家餐厅的分数。

又比如，普通人追星只会对着偶像的照片说"吹爆哥哥的颜"，但有人是这样分析某位明星的面部结构的（如图 8-3 所示）。

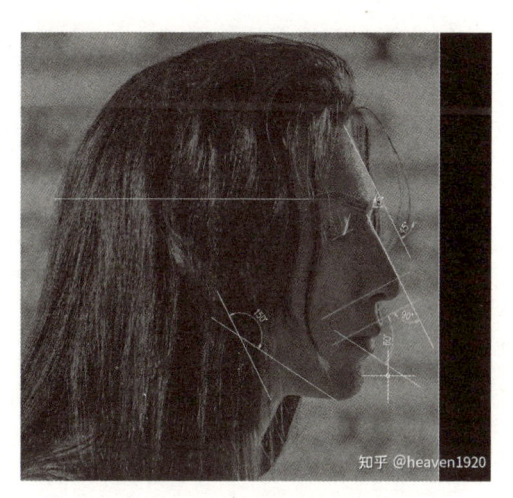

图 8-3　某位明星面部结构的分析
（来源：知乎用户 @heaven1920）

用制图软件 CAD 算出明星面部线条的角度，以证明明星的脸在几何构图方面的完美；用黄金分割验证明星三庭五眼的比例，证明明星的美貌并非虚言。

那么在文案创作领域，理工科思维又能为我们的写作提供哪些新的视角和方法呢？接下来我们将探讨两种思维，帮助我们写出理工风的文案。

1. 万物皆可量化

在文案创作过程中，我们早已懂得利用各式各样的技巧，来与用户做更好的沟通，比如洞察用户的心理与情绪、利用传播规律或者撰写金句让用户产生记忆点，等等。在这样的思维导向之下，我们撰写文案的依托点，或是用户的某个情绪点、某个传播热点，又或是某种文字创作技巧，如果使用得当，都能让文案更具价值。

这些文案创作手法在品牌宣传中屡见不鲜，比如某款社交软件就曾借势人类登月50周年纪念日，推出过一支宣传短片。短片题为"一条来自地球的孤独的信号"，其文案如下：

> 133亿光年，是已知最为遥远的星系。这个无法触碰到的目的地对我们来说到底有何意义？无法顺利发出一个信号，无法用肉眼去看。人类因为孤独出发，直面整个宇宙的陌生。宇宙并非温和宁静，无论结果如何，我们都愿意抵抗引力，付出生命。愿意相信每一粒陌生尘埃里，都可能拥有着遥远的相似性，哪怕只有一点点，就值得继续前行。宇宙未知而巨大，人类的渺小，也许还未曾被阅读。战胜孤独的从来都不是喧嚣，而是选择去靠近陌生的勇气。我们选择登上月球，不是因为它简单，而恰恰是因为它很难。无论结果如何，跨出一步就是一步的胜利。

这里是地球。你好,陌生的朋友。

短片瞄准了人们的孤独情绪,以"战胜孤独的从来都不是喧嚣,而是选择去靠近陌生的勇气"为洞察点,在阐释品牌理念的同时也对准了软件主打陌生人社交的产品价值,这则短片文案有洞察,找到了用户情绪,也追踪了热点,可以说符合不少文案撰写的"套路"。但如果我们试着换一种思路,用理工科思维去为交友软件写文案,是否能产生不一样的展现形式和效果呢?比如下面这一段文案:

在这个地球上,

人想要遇到命中注定的灵魂伴侣,概率有多大?

全世界一共约有 6.7×10^9 人,

假如我们一天可以新认识一个人,

假如我们能活到并坚持寻找到 80 岁,

那么在这 30000 天里,我们能够结识 30000 人,

假如这 30000 人中正好有一个是我们的灵魂伴侣,

那么我们遇到对方的概率是 1/200000。

原来,有趣的灵魂不止万里挑一,

$$\frac{30000}{6.7 \times 10^9} \approx 4.5 \times 10^{-6} = 0.00045\%$$

我们为什么不多使用一些力量,让自己与对方相遇?

这则文案清晰完整地展示了"遇到灵魂伴侣概率有多大"的推导过程，让人感受到遇到"正确的人"是多么不容易，因为即使是在理想情况下，概率也仅有 1/200000，更何况一般人不可能用尽一生时间去寻找灵魂伴侣，大部分人都会用人生的前 30 年去完成这项任务，这样来算的话机会就更加渺茫了。这就是用理工科思维去为一款交友软件撰写的文案，语气冷静，毫不煽情，没有去渲染孤独的痛苦，却能戳中人们内心对于寻找伴侣的焦虑。

如果要为一款不粘锅写文案，"让食物悬浮在锅壁物理颗粒之间，在食物不接触锅底的情况下均匀受热，翻炒更轻松不易粘锅"这样的文案，就不如"连续煎 150 个无油鸡蛋依旧不粘"这般具有实验精神，后者也更加具象，让用户觉得这一结论不是无中生有的，而是经过验证后得出的，因此也更有说服力。单纯描述一款面巾纸"吸水能力强"，就不如写为"5 张即可吸干半中杯（100ml）净水"。想说明一款婴儿纸尿裤透气性好，"超 5000 万个透气呼吸微孔，凹凸透气表层空气流动舒适"这样的文案就更具说服力，"超 5000 万个透气呼吸微孔"的作用就是"量化"透气，会让用户觉得产品的透气性强是有依据的。

近年来流行的各类 App 生成的年末"歌单""账单"，本质上也使用了量化的手法，让用户清晰地感知自己过去一年中在某个领域的行为轨迹。比如网易云音乐每年都会刷屏社交媒体的年度歌单，就会统计出用户在过去一年中一共听了多少首歌、用户听得最多的是哪首歌。除了这样的维度，还有一些更加个性化的维度，比如用户在网易云音乐听到的最多的是哪个词（如"你在网易云音乐听到的最多的词是'记得'")、用户在某一天中单曲循环得最多的是哪首歌(如"8月12日大概是很特别的一天,这一天里你把坂本龙一的《Forbidden Colours》听了55次")等,这样的文案会产生一种"原本抽象的心情得到量化"的碰撞效果,从而使用户产生想要转发分享的冲动。

在甲壳虫汽车的经典文案中,也使用过量化思维,让用户感受到甲壳虫汽车对质量的高要求:

> 这辆甲壳虫没赶上船运。
>
> 仪器板上放置杂物处的镀层出现了瑕疵,这是一定要更换的。你可能根本没注意它,但检查员 Kurt Kroner 发现了。
>
> 我们在沃尔夫斯堡的工厂里有3389名工作人员,他们唯一的任务就是:
>
> 在生产过程中的每一个阶段检查甲壳虫汽车(每天生产3000辆甲壳虫汽车,而检查员比生产的车还多)。
>
> 每辆车的避雷器都要检查(决不只做抽查),每辆车的挡风玻璃也经过详细的检查。甲壳虫汽车经常会因肉眼看不出来的表面擦痕而被淘汰。
>
> 最后的检查更是苛刻到了极点!
>
> VW的检查员把每辆车像流水般送上车辆检查台,接受189处检验,再飞快地打开自动刹车(再冲向自

动刹车点）。在这一过程中，每50辆甲壳虫汽车中总会有一辆不通过（淘汰率是2%）。

正因为对细节的专注，甲壳虫汽车比其他汽车耐用却不大需要维护（其结果也使甲壳虫汽车的折旧率较其他车子低）。

我们剔除了柠檬，你得到李子。

"3389名工作人员""每辆车的避雷器都要检查（决不只做抽查）""接受189处检查""淘汰率是2%"，这些数据都能体现出甲壳虫汽车品控的严格，也是得出"甲壳虫汽车比其他车子耐用却不大需要维护"这一结论的理由。

2. 跳出经验，练习思维体操

在文案创作过程中，我们很容易陷入经验主义的思维模式中，而"科学思维是利用一种相互整合的真实情况来取代相互分离的各种情况的重复联结"，也就是说，除了那些我们可以毫不费力就察觉到的事实，我们还需要更多地去探寻那些无法直接感受到的、更加详细的流程。比如，当有人提问"为什么开启一个水泵就能把河里的水抽到很高的地方"时，如果用经验来回答的话，那答案很容易是"因为水泵有很强的吸力"。然而，科学思维会考虑到力有不同的强度，只要达到了力的极限，它的吸力就不再起作用，而且随着海拔高度的变化，水泵吸力作用于水的高度也会发生相应的改变。很多时候，一些现象是容易被我们捕捉的，但是我们并不会对它们多加思考。

在文案创作中，如果局限于经验的藩篱中，就很难找到新的角度，写出让人眼前一亮的内容。比如当我们为一款抗衰老护肤品写文案时，依从于经验的脑回路就是"提升肌肤紧致度，淡化细纹，提升肌肤柔软度和弹性"，然而这样的文案在护肤品领域屡见不鲜，甚至有些千篇一律，用户看了也不容易留下印象。如果我们摒弃经验主义的思维模式，换一个角度去切入，或许就有新的灵感。

比如，我们可以向用户抛出一个问题：如何利用时间膨胀效应让你长生不老？"长生不老"在我们的经验里是不可能发生的，接近于玄学，"时间膨胀效应"看上去是个物理学领域的专业词汇，这两个词之间的碰撞就容易让人产生兴趣，想要一探究竟。根据爱因斯坦的相对论，当物体以相对速度 v 进行运动时，时间就会减慢，已知光速是 2.9979×10^8 米/秒，假设一个人在地球上活了 100 年，经过计算之后，可以算出一个人需要以达到光速 99.99% 的速度运动才能"长生不老"，而这个速度大约是航天飞机速度的 40000 倍。接下来我们试着写一款抗衰老型睡眠面霜的文案：

> 如何利用时间膨胀效应让自己长生不老
>
> 爱因斯坦的相对论告诉我们
>
> 当物体以相对速度 v 进行运动时，时间就会减慢
>
> 2.9979×10^8 米/秒，是光的速度
>
> 而一个人需要达到光速的 99.99%，才能"长生不老"

打开睡眠面霜,进入你的时间舱

入梦后,轻松追赶时光的速度

虽然最终女士们挑选护肤品的主要依据还是品牌,但这样的文案创作过程可以被视为一种"思维体操",帮助我们跳出常规的思维模式,寻找更多新的角度。

在文案创作过程中,对各种不同的思维模式兼收并蓄是很有必要的,这能帮助我们提升思维的柔韧度,避免我们陷入因为长期写作而产生的倦怠与乏味中。万物皆可量化和跳出经验,练习思维体操能有效地帮助我们拓宽思维,让文案创作拥有更多样化的解题方式和更有趣的尝试探索。

8.3 如何正确地与年轻人做沟通

《银河系搭车客指南》的作者、英国科幻作家道格拉斯·亚当斯曾经提出过一个"科技三定律":"任何在我出生时已经有的科技,都是稀松平常的,是世界自然秩序的一部分;任何在我 15~35 岁之间诞生的科技,都将会是改变世界的革命性产物;任何在我 35 岁以后诞生的科技,都是违反自然秩序的异端。""科技三定律"其实是道格拉斯·亚当斯在用一种幽默的口吻,讽刺人们认知的狭隘。这个定律还可以延展到其他领域,比如:任何在我出生时已经红了的歌曲都是过时老土的;任何在我 15~35 岁之间走红的歌曲都是无可复制的经典；任何在我35岁以后流行的歌曲都是浅薄幼稚的……

这样的心理同样会经常出现在不同代际的人们对彼此的文化、圈层的认知中。当一个中年人看到"语C""zqsg""nss"这样的网络流行语时，大约心里冒出的第一感受也会像道格拉斯·亚当斯所说的，认为这是"违反自然秩序的异端"吧。但不可否认的是，Z世代（Generation Z），也就是1995—1999年出生的一代人，已经成了互联网世界的主力军。据统计，目前中国的"95后"群体已达2.64亿人，占据总人口的18.9%。他们正在创造着自己独有的圈层和文化，并且正在释放制造流行的潜力，近年来不少的社交媒体流行语就来自他们的创造。

对于文案创作者而言，与年轻人群做沟通是一节必修课。只有了解当下网络社交语境和Z世代的圈层文化及审美倾向，才有可能熟练掌握与年轻人沟通的技巧。

1. 社交用语的通货膨胀

在当代社交媒体上，人们的情绪正在经历"通货膨胀"。比如过去人们用"哈哈"来表示自己笑了，但现在即便是敲出"哈哈哈哈"的人依然可能毫无表情，非要敲出"哈哈哈哈哈哈哈"才能表示"真的好好笑"，这个现象被戏称为"通哈膨胀"。

不仅是"哈哈"遭遇了这样的命运，许多词汇被频繁地使用过后，其感情强烈程度也会变得越来越弱，比如过去形容一位女孩漂亮，可以用"美女"称呼她，但如今"美女"已经成了女性的代名词，于是"美女"迭代成了"女神"，但它依然没有逃过

"通货膨胀"的命运，如今要使用"仙女"才能勉强表达出对一名女性外貌的仰慕了。

这一现象，在语言学中被称为"词义弱化"。现在随便一款电子产品都可以为自己贴上"黑科技"的标签，电商平台的衣服满屏都是"潮牌"，想说明一件事好笑，"太好笑了"就显得很敷衍，一定要"笑到头掉""笑到邻居报警"才显得有诚意。

形容一个作品中最引人注目的一部分会说它为作品"注入了灵魂"；如果喜欢一个作品要说"再来亿遍"；如果觉得一个作品特别棒就称之为"镇站之宝"……在B站上诸如此类的用语屡见不鲜，年轻用户更喜欢用带有戏剧性情绪的用词来表达自己的喜恶。

因此，在与年轻人沟通的文案中，适当地使用夸张的修辞和戏剧性的情绪表达，会更容易与年轻人的脑电波实现同频共振。比如日本信息处理推进机构（IPA）就曾经推出过一组呼吁大众保护密码、提升网络安全意识的海报，海报的画风和文案都透露出浓浓的言情小说和漫画风格。其中一张海报画面中是一个男孩抱住一个女孩，文案则是"在你修改好密码之前，我都等你"。还有一张画面是一个男生环抱着一个女孩，文案是"知道吗？真正保护你的其实是密码"。IPA通过"二次元"画风的海报和夸张"玛丽苏"风格的文案，吸引用户，尤其是年轻用户的注意，提升他们保护自己的账号和密码的意识。

2. 年轻人的美学生态

某国首相官邸的Instagram账号一派粉嫩的画风，让人忍不住怀疑账号的运营者是一群女高中生。可以看出，这个账号为了唤起年轻女性对政治的关心，改善年轻人投票率低的现状所做出的努力。在首相本人的照片上，出现了大面积的粉红色、亮闪闪的字体及五颜六色的可爱风贴纸和标签，而在过去，账号发出的都是让年轻用户毫无点击欲的未经修饰的图片。Instagram 用户对这样的转变也是喜闻乐见的，还创建了"××今天也萌萌哒""××劳模"等标签，账号互动率也获得了提升。

如果不想让写出来的文字被年轻人嫌弃过时和乏味，就需要敏锐地观察年轻人美学生态系统的微妙变动，了解他们的审美倾向和潮流。前些年带着摆拍和精修痕迹的唯美"INS 风"获得年轻人追捧，不过年轻人的审美疲劳总是来得特别快，潮流总是转瞬即逝，这届年轻人又流行起了不加滤镜的"原图风"，"Be Real 才是真的酷"。

在社交媒体中，那种像素低到模糊且发绿的图片及表情包也得到了年轻人的追捧，因为"被转发的次数越多，像素就会越低"，这本身就说明了表情包的受欢迎程度。这类表情包被称为 deep fried memes（油炸表情包），指表情包被处理得模糊不清甚至发黄发绿，就好像被油炸过那样。那些被降低了分辨率、增加了噪点和提高了对比度的图片和表情包，就像被添加了一层特别的滤镜那样，因其特别的质感得到流行，红极一时的憨憨猫表情包就是这样一幅油炸表情包（如图 8-4 所示）。

图 8-4　红极一时的憨憨猫表情包

3. 内容创作的平权化

近年来，不少后缀为"bot"的账号开始流行起来。"bot"是"robot"的缩写，指那些机械地发布用户投稿内容的账号，账号虽然是由人在运营的，但内容的筛选和发布都如同一个机器人那样去人格化、去主观化。

"bot"的类型多种多样，比如"偷听 bot"的内容都是来自网友们投稿的日常生活中听到的谈话，"菜里的姜 bot"专门收集和发布食物里"伪装"成各种菜的姜……对于投稿者来说，这些"bot"就像可以把悄悄话说给大家听的"树洞"，因为匿名发表而不需要有包袱和伪装；对于账号的运营者来说，它是汇聚了广大用户生成内容和故事的庞大素材库；对于账号的粉丝而言，也能从各个"bot"里看到自己感兴趣且真实甚至略带粗糙的内容。这些"bot"账号冷冰冰的距离感和真实感，反而让年轻人觉得亲切又有趣。

"bot"账号的流行，从某种程度上可以视作内容创作正在走向平权化的一种体现。如今，年轻人已经不再只被那些精心雕琢的内容吸引了，那些更加真实、接地气的内容反而更容易让他们产生共鸣。许多敏锐的品牌已经洞察到这一趋势，直接拿用户生产的内容做起了广告。Twitter 在情人节营销时，就将用户对感情生活、对伴侣的抱怨从网络搬到了线下的广告牌上：

我男朋友刚喝了我泡隐适美的水
我现在笑得停不下来

问：我为什么单身？
答：拒绝一切约会
回消息要三到五个工作日
情感不外露
不会侧方位停车

我男朋友说
他的出轨对象是我的不同人格

我妻子说："你还能更烦人一点吗？"
然后，我找到明天的目标了

段子一样的用户"吐槽",能让大部分人从中找到自己的影子,真实有趣,也能唤起用户对品牌的好感。

音乐服务平台 Spotify 也经常将用户送上广告牌,2018 年就曾通过平台用户听歌的数据挖掘出趣味:

人们如何通过歌单逃离疯狂的 2018 年:
创建了 367 个安抚自己的平静冥想(calm meditation)歌单,
还有一个打错了的蛤蜊冥想(clam meditation)歌单。

上帝到底是男人还是女人?
歌单给出的答案是——
上帝是男人:9 票。
上帝是女人:2808 票。

利用平台的用户生成内容与用户做沟通,就像老友间推心置腹地聊天一般。

4. 原子化的个体

原子,是指构成一般物质的最小单元,原子与原子之间可以独立存在。在高速发展的当代社会,物质与网络世界的发达,为人们的个体独立提供了条件,年轻人日益成为"原子化的个体",更倾向于沉浸在自己的世界中不被打扰,显得孤立甚至隔绝,现实中的人际关系日趋疏离。在大都会中，这种现象更加明显。

由于智能移动设备和无线宽带的普及，人们很容易随时随地浸入虚拟世界。虚拟世界已经成为年轻人交流和娱乐的主要场所，他们在虚拟世界中构建起更加封闭和细分的圈层，创造出了一套与同好交流的独特的语言，这些语言也被叫作"黑话"，对于圈层外的人及其他代际的人群而言，它们通常有着较高的理解成本。诸如语C、cdx、扩列、养火、nss等来自"95后"的"黑话"，难免令第一次接触它们的人一头雾水。

以语C（语言Cosplay）为例，它是指参与者以文字的形式去扮演一些特定的人物，并根据其"人设"（人物设定），通过对话、动作、肖像、行为和心理描写等方式与其他参与者进行互动的一种社交游戏。这些"人设"可以是参与者原创的，也可以来自某些漫画、动画、小说、历史、游戏或影视作品。

比如"名人朋友圈"，参与者可以从成千上万的名人、明星、历史人物中挑选一个人作为自己的"人设"，去发表符合这个人身份和讲话习惯的内容，并与其他相关的人物进行互动。简单打个比方，一个参与者选了"贾宝玉"作为"人设"，那么当他看到"林黛玉"和"贾环"同时发布状态的时候，该参与者就会去"林黛玉"的状态下留言问候，而不会去"贾环"的状态下留言，因为在《红楼梦》一书的设定中，贾宝玉和林黛玉是一对相亲相爱的知心恋人，而贾宝玉和贾环则是关系恶劣的兄弟。

在语C这样的互动娱乐方式背后，也可以看出年轻人对社交与陪伴的定义早已不同往日。他们将自己投射在虚拟的"人设"

中，并和其他同样虚拟的人物产生互动和交流，虽然这些人物和现实世界几乎没什么关联，但依然可以借其表达自我并找到认同。不仅自己热衷于扮演某个"人设"，年轻一代在评价小说、电影、电视剧等内容作品时，也十分关注作品中人物的"人设"。追求"人设"的本质在于追求身份认同，不同的"人设"代表着不同的兴趣倾向和价值取向。

在这样的趋势之下，许多品牌也开启了在社交媒体上经营"人设"的道路。最著名的案例莫过于杜蕾斯的微博，依托于自己独特的产品属性，在社交媒体上发布与男女情感有关的内容，塑造出幽默又善解风情的品牌"人设"。事实证明，"人设"的经营并不是徒劳无功的，尽管杜蕾斯在测评帖中各方面的数据都不占优势，但依然凭借自己的"人设"在社交媒体上刷足了存在感。

不可否认的是，年轻一代的人群是一个越来越难以"贴标签"的人群，他们足够个性化和多元化，就像一个个漂浮离散的原子。或因为某种相似的吸引而并不十分紧密地聚拢在一起，或很快就散开，组成新的团体，没有一套沟通技巧可以较长久地起作用了。

年轻人的神经被互联网信息的洪流冲刷得异常纤细和敏锐，他们在层出不穷的各类产品的迎合下变得日益挑剔，这注定是更难讨好的一代。但如果找准了和他们沟通的语境和技巧，用足够开放和真诚的语调，他们也会毫不保留地献上自己的喜爱。

8.4 如何写好美食文案

作家汪曾祺曾说:"到了一个新地方,有人爱逛百货公司,有人爱逛书店,我宁可去逛逛菜市。看看生鸡活鸭、新鲜水灵的瓜菜、彤红的辣椒,热热闹闹,挨挨挤挤,让人感到一种生之乐趣。"

美食,人类的快乐来源,当之无愧的人生治愈剂,一茶一饭,一粥一器,它们不仅能满足味蕾填饱胃,也能从心理和情绪层面带给人们慰藉。"吃"不仅是人与食物的故事,也是人与自然、人与时间、人与人的故事。

酸甜苦辣咸麻膻腥鲜,美食是好吃的,美食文案的写作是有挑战性的,因为"吃"这件事情本身就是要同时服务于人的眼睛、鼻子和嘴巴的,因此,美食文案也非常考验创作者的"三官",要求创作者通过一个个文字去调动用户的感官,这样才能写出让人看了就忍不住垂涎的美食文案。

除了尺颊生香、滑而不腻、酥脆可口、香甜软糯、鲜美多汁这类形容美食的常见描述,到底应该怎样写美食文案,才能还原食物的诱人滋味,并且还能为食物增添感官体验之外的更丰盛的余味呢?我们从美食的场景属性、情绪属性、社会属性和官能属性四个层面入手解题。

1. 用场景,为美食文案"提鲜"

就像往汤里加入春笋、蘑菇、干贝、海米等物可以起到让汤汁更鲜美的"提鲜"作用一样，在美食文案的撰写过程中，除单纯地进行食物描写外，也可以借助一些其他元素来使文案变得更有吸引力。

　　时令，就是可为食物增添风味的最佳搭档。"蒌蒿满地芦芽短，正是河豚欲上时"，在正确的时间吃正确的食物，从古至今都是一件美事，可以彰显人们对饮食的考究。比如在《红楼梦》里，薛宝钗和贾探春就曾商议着要吃一道菜——油盐炒枸杞芽儿，她们给了贾府中的厨子五百钱请她帮忙做这道菜，虽然这道菜其实只值二三十钱。油盐炒枸杞芽儿这道菜看起来朴素，其实有讲究，首先枸杞芽儿是初春枸杞树长出的嫩芽，其次烹调方法是用油盐炒，可以保留和激发食材本身的清香，让人食之而知春味。

　　在描写食物时如果可以加入四时光景，能为食物加上一层"提鲜"的滤镜，比如以下这段文案：

> 如果春天有味道，大概就在一碗氤氲的腌笃鲜里面吧，春笋、鲜肉和咸肉的碰撞，让味蕾也感受到明媚的春光。盛夏里那一颗细腻无絮渣的水蜜桃，吃的时候就像一颗爆浆小炸弹，桃汁多得可以从指尖一直流到胳膊肘。秋日咬一口挂白霜的柿饼，看流心的果肉里扯出鲜亮的拉丝，整个秋天都变甜了。冬夜的命，都是靠吱吱作响的砂锅和甜甜暖暖的热啤酒续的啊。

纪录片《舌尖上的中国》中，也有许多关于时令与美食的优秀文案，比如以下这段关于芜湖美食"虾子小刀面"的描述，就凸显了美食中的一味食材"虾子"的来历：盛夏，水温超过18℃，青虾开始繁殖时，才能收集到虾子，用这样的虾子做出的小刀面，色白汤清味浓，称得上是大自然苦夏给当地人的最佳补偿：

> 只有盛夏，水温超过18℃，一种美食才会在水下孕育。长江和青弋江在芜湖交汇，许师傅将面搓揉成雪花状，压实，擀薄，小刀切好。面条滑爽绵糯，是芜湖一年四季小吃的代表。但是，要把小刀面吃出酣畅淋漓的美感，还要耐心等候三伏天的到来。温暖的水下，青虾开始繁殖，4到6厘米大小的母虾，包裹着上千粒虾子。河道缓流处，昨晚下水的丁字形筒状虾篓，盛满收获，用竹篾筛出虾卵，1公斤虾能收集50克虾子。
>
> 盛夏的江城，小刀面旺火煮沸，拌葱花、酱油，再加上大骨高汤。100克面条，10克虾子，虾子和高汤的相逢，色白汤清味浓。虾子小刀面，正是芜湖溽热的苦夏给予当地人的最佳补偿。

在美食文案的写作中，加入诸如时令这样的元素，让美食置身于与其相得益彰的场景之中，更能唤醒人们对食物的美好向往，也能使用户产生一种"是时候吃它们了"的迫切心理。就像电影《小森林》中说的那样:"虽然天气寒冷很令人头疼,但有些食物只能天冷的时候才能做。寒冷,也是很重要的调味料。"寒冷的冬天可以让咕噜噜的火锅散发的暖意更缱绻,夏季夜晚的凉风能让小龙虾的麻辣更爽利,这些固定的场景可以轻松地启动人类大脑进食程序,让人升起食欲。

喜茶在其四季限定产品的文案中,就很好地运用了四季为食物增色,比如六月的"缪斯桃桃"和七月瓜香正浓时节的"多肉瓜瓜"的文案:

六月是奉献的季节
投我以琼瑶
报之以桃桃
Muse 汁甜如蜜的水蜜桃
保持着妩媚
清幽的四季春茶为她
增添了几分端庄的美

小扇引微凉
悠悠夏日长
夏日昏沉刻
忽闻蜜瓜香
瓜香正浓

浓夏一梦
今日一别
来年再逢

网易严选一款"吮指虾片"的文案,也从食物与自然关系的角度,体现虾片的"鲜":

食物就像一个神奇的收藏夹
装得下山川湖海,装得下四时更迭
打开一包鲜香松脆的鲜虾片
海的味道,便在你的舌尖流连

2. 用美食,搭一座"情绪避难所"

在心理学上,有个概念叫情绪性进食(Emotional Eating),它是指人们通过进食来填补情绪需求的行为。在充满压力的当代社会,美食对很多人而言就像一座紧急避难所,它的功能不再只是帮助人们缓解饥饿,它也能帮助人们缓和情绪,"借吃消愁"。因为当面对压力时,人们的压力荷尔蒙——皮质醇分泌会上升,从而引发对高热量食物的强烈渴望,升高的皮质醇水平告诉大脑我们需要补充能量了,这样才足以抗住压力。

在心理学家弗洛伊德看来,人们在婴儿时期通过母乳来获得生存的能量,最初的安全感就是通过嘴来获得的,咀嚼行为能让我们获得天然的安全感，因此每当面对压力时，就会忍不住往嘴里塞点食物，触发人们在生命之初体会到的那种安全感。

　　人生何处似樽前，在成年人社会，除了通过进食获得本能的抚慰，"吃"这件事本身，也是繁忙生活之中的一种调剂。就像日剧《孤独的美食家》的那段开场白所言："不被时间和社会所束缚，幸福地填饱肚子，短时间内变得随心所欲，变得自由，不被谁打扰，毫不费神地吃东西的这种孤高行为，是现代人都平等地拥有的最高治愈。"吃，不仅能填饱肚子，也是人生中难得的一种"小型自由"，就像网络流行语说的"双手握住简单的快乐"那样，几块钱一罐的可乐就能让人感到快乐，十几块钱一杯的奶茶就能缓解加班时的疲惫，几块炸鸡就能使孤独的夜晚变得没那么难熬，和三五好友在大排档吃一顿烧烤就能让失恋的痛苦减轻几分，美食对人类情绪的治愈作用大抵如此。

　　在美食纪录片《人生一串》中，除了对美食进行孜孜不倦的描述，也不忘加入人生百味点缀其间，让人更能感受美食带给人们的情绪治愈：

> 在寒冷的夜晚，喝光一壶老酒，和朋友聊聊略显颓然的近况，三里桥独特的烤心管，给这里的中年酒局，涂上了知己难逢的人生底色。这样的烧烤意境，如果再来点怀旧音乐，那就更有味道了。
> 如果你啃的是羊排，那最好带着些许仇恨，把它想象成生活中的敌人，心无旁骛地撕咬，目不转睛地

咀嚼，全力以赴，彻底征服，才不枉对抗中的口水淋漓。

和老友在寒冷的晚上喝着酒吃着烤串，"中年酒局"上关于人生的不如意，都被吃好喝好的"酒肉知己"暂时治愈；啃羊排要带着些许仇恨，把它想象成生活中的敌人，更能凶猛撕咬，爽快泄愤。享受美食，从来都不仅仅是动动嘴巴那么单纯。

台湾左岸咖啡馆的文案，也从咖啡带给人的放松与慰藉处落笔：

等到角落里的那个客人回家之后
咖啡馆里就只剩下我一个人了
咖啡馆里最后的一位客人
拥有一项特权——
可以挑选自己喜欢的音乐
同时，侍者会再端上一杯咖啡
表示他并不急着打烊

我在左岸咖啡馆
一个人慢慢等待打烊

3. 社会促进效应：为热辣美食"加温"

有研究表明，人们在与他人一同进食时，吃掉的食物会比自己一个人进食时更多。这种现象被称作社会促进效应，指人在周围有其他人在场或一起做事时，完成某种活动的效率会提高。

火锅、烧烤、麻辣小龙虾这类食物之所以广受喜爱，除了因为它们具备高热量的特点，还有一大原因就是它们都属于"社交型"美食，这类食物更适合好几个人一起享受，吃完一餐的时间比普通食物更长，餐桌上能容纳的交流也更多。

说到底，享受美食不仅是私人的进食体验，也是社会交往活动，当人们想吃美食时，很多时候渴求的不只是美食本身，更是那些一起享受美食的人，以及享受美食时的氛围或记忆。

在撰写美食类文案时，如果能很好地调动起食物的"社交属性"，就会更容易勾起人们对食物的记忆，从而让人食欲大增。美食共享App回家吃饭曾推出过一组海报，文案中就利用了美食的社交属性，来体现其平台主打家庭美食外送的特点：

> 发际线越来越高
> 天花板越来越低
> 只要吃一口板栗鸭
> 就像回到了九岁

那些能让人回忆起童年、回忆起"家的味道"的食物，往往更加吸引人。

麦当劳在其七夕营销的海报文案中，也从"美食"与"恋爱"

关联的角度出发输出了一组"情话",毕竟,美食在促进人类恋情进展方面,向来都扮演着不可取代的作用:

> 每次第二杯半价,我想到的,都是你
> 早餐、午餐、晚餐,都想和你,一起吃
> 总想和你多待一会儿,所以每次点餐,都故意多点份大薯
> 看见你,我迅速吃完了甜筒,不是怕你过来抢,只是想腾出手来抱抱你
> 自从有了你,我的世界,从白开水变成可乐

年幼时嚷嚷着要吃的糖葫芦、在家里肆无忌惮撕咬的猪脚……食物的美味包裹着愉悦的记忆,更令人胃口大开,美食自媒体日食记在美食短视频中,就时常运用这样的手法为美食增色:

> 年幼的我,看到糖葫芦总是吵着要买,
> 却很少吃到最后一颗。
> 那些被剩下的糖葫芦,
> 最后去了哪儿?
> 不用在意吃相,或担忧卤汁黏稠。
> 也许正因如此,才成为令人安心的,家的味道。

4. 美食文案的画面感和触感

前文提到过，"吃"是一件同时服务于人的眼睛、鼻子和嘴的活动，因此，美食文案的写作需要动用种种技巧来刺激用户的官能，让文案具有画面感和触感。

美食文案的画面感，可以通过对美食的色泽、质感方面的描写来实现。古代诗人在描写美食时，也注重对食物色泽的呈现，比如李白的"呼儿拂几霜刃挥，红肌花落白雪霏"，就描写了"鱼脍"这道美食带给人的视觉冲击，"鱼脍"也就是生鱼片，诗中把红色的鱼肉比作红色的花，把白色的鱼肉比作白雪，"花落""白雪霏"生动而富有诗意地描绘出美食在烹调时的动态画面，体现出鱼肉色泽明丽、肉质新鲜的特点。杜甫的"无声细下飞碎雪，有骨已剁觜春葱……落砧何曾白纸湿，放箸未觉金盘空"，用白色的鱼肉如碎雪翻飞，写出了鲙手的纯熟刀工和鱼肉鲜美致使食客们争相抢食的热烈场面。

作家汪曾祺在描写"香椿拌豆腐"这道菜时，就运用了"紫赤""碧绿"这样的词汇，加之豆腐的白色，读来眼前已经有一幅色彩清新的画面，再加上椿头的"嫩香"和香油的味道，让"一箸入口，三春不忘"这样的美好体验得到了诠释：

> 香椿拌豆腐是拌豆腐里的上上品。嫩香椿头，芽叶未舒，颜色紫赤，嗅之香气扑鼻，入开水稍烫，梗叶转为碧绿，捞出，揉以细盐，候冷，切为碎末，与豆腐同拌（以南豆腐为佳），下香油数滴。一箸入

口，三春不忘。

美食的滋味，舌头是最清楚的，但较难用文字进行"翻译"，这个时候，就需要我们动用那些相近的味道去加以类比，达到传递信息的效果。村上春树在《如果我们的语言是威士忌》一书中，是这样描写苏格兰艾莱岛威士忌的：

> 在饭店要了一盘生牡蛎加两杯纯麦芽威士忌，把威士忌满满地浇在壳中的牡蛎上面，直接放到嘴里。唔，实在好吃得不得了。牡蛎的海潮味和艾莱威士忌那海雾般独特的氤氲感在口中融为一体。不是哪一方靠近，也不是哪一方接受，简直就像传说中的崔斯坦与易梭德[①]一样。然后我把壳中剩的汁液和威士忌一起"咕嘟"咽下。

苏格兰艾莱岛威士忌到底和别的威士忌味道有什么不同呢？村上春树用"海雾般"的味道写出了它那种接近海滩味、潮水味的特别的咸香滋味，与牡蛎"海潮味"的口感融合在一起，描绘出一种独特的美食体验。

食物的触感，也是较难描写的一个部分。在美食纪录片《人生一串》中，曾介绍过一种美食——烤猪眼：

> 猪眼睛唯一的吃法,就是整个放进嘴里,一口咬下,黑色的眼浆爆射口腔,刺激程度,是撒尿牛丸的一百倍。激情过后,眼球周围的胶原物质,提供弹牙的肉感,多咬几下,就能吃到嘎嘣脆的晶状体和角膜,只有亲自体会,才能体会其中奥妙。像第一次亲密接触,小心被它电到。

这道美食相信吃过的人并不多,所以就更难传递它究竟是什么口感和味道了,《人生一串》的文案通过类比手法,让大家尽可能感受到这道菜的滋味,比如爆浆"是撒尿牛丸的一百倍""弹牙的肉感""嘎嘣脆"都写出了这道美食的口感。

美食文案,不仅要写出食物的烟火气,也需要捕捉到觥筹交错间情绪的流动,那些关于内心的故事,关于季节、故乡、童年的记忆,才是真正的诱人的钩子,能够唤醒人们对美食的渴望与向往。

我的心得笔记

我的心得笔记

我的心得笔记